SOPHIE THALMANN

AU GALOP !

TOUT SAVOIR SUR LE CHEVAL

hachette JEUNESSE

hachette s'engage pour l'environnement en réduisant l'empreinte carbone de ses livres. Celle de cet exemplaire est de :
300 g éq. CO_2
Rendez-vous sur www.hachette-durable.fr

PAPIER À BASE DE FIBRES CERTIFIÉES

Auteur : Véronique Pidancet Barrière

Maquette intérieure : Élodie Marty

Un grand merci à Sophie Thalmann
pour ses témoignages personnels, ses précieux conseils et son regard attentif tout au long de la réalisation de cette encyclopédie du cheval !

Remerciements
au colonel Thierry Delavaud, commandant le Régiment de cavalerie de la Garde républicaine, à Orlane chez Tom Joules pour les vêtements, à Élodie Leprince pour le maquillage, à Joël Saget et à la médiathèque des Haras nationaux.

Dépôt légal : juillet 2016 - Édition 03.
Achevé d'imprimer en juin 2017 en Espagne par Graficas Estella.

Sophie Thalmann

AU GALOP !

TOUT SAVOIR SUR LE CHEVAL

hachette JEUNESSE

“Posséder son propre cheval, c’est le rêve de toute cavalière passionnée !

Avant que ce rêve ne devienne réalité, il faut avoir de l’expérience et une bonne connaissance de l’animal. Alors, si tel est ton désir, si tu as simplement envie de monter à cheval ou si tu débutes l’équitation, ce livre va te plaire !
J’ai souhaité qu’il soit accessible au plus grand nombre et qu’il te permette de TOUT savoir sur l’univers du cheval : ses origines, son élevage, sa vie quotidienne, les soins à lui apporter, les techniques équestres et une foule d’informations pratiques. Dans le cahier central, tu découvriras également les principales races de chevaux, illustrées par de belles photos.

Ne tarde plus ! Au galop ! Et prends autant de plaisir à lire ces pages que j’en ai eu à les imaginer pour toi ! ”

SOPHIE THALMANN

SOMMAIRE

LE CHEVAL, UN PEU, BEAUCOUP, PASSIONNÉMENT... 8

LE CHEVAL, UN PEU, BEAUCOUP, PASSIONNÉMENT

Il t'observe, ses grands yeux de velours plongés dans les tiens. Tous ses muscles vibrent. Ses naseaux se dilatent et son souffle caresse tes cheveux. Il secoue la tête et ses crins balaient ton visage. Tu respires son odeur. Bouge le moins possible et prends ton temps. Fais-lui face et observe-le, apprends à le connaître. Puis prends ta voix la plus douce, chuchote-lui des mots tendres. Ses oreilles attentives vont devenir des girouettes. Il sait que tu ne lui veux aucun mal et va t'aider à devenir une bonne cavalière.

L'évolution du cheval

L'ANCÊTRE : L'EOHIPPUS

Le cheval d'aujourd'hui descend de l'eohippus, un mammifère qui vivait à l'ère tertiaire, 55 millions d'années avant notre ère. De la taille d'un lièvre, environ 40 centimètres, il pesait moins de 10 kilos, avait quatre doigts aux pattes antérieures et trois aux pattes postérieures. Il peuplait forêts et marécages, se nourrissant de fruits et de feuilles. L'eohippus a évolué tout au long de l'ère tertiaire. Son doigt central s'est développé, si bien que les autres doigts, ne touchant plus terre, se sont peu à peu atrophiés et ont fini par disparaître. Les excroissances cornées (appelées « châtaignes ») qui se trouvent sur la face interne des jambes des chevaux sont les traces de ces doigts disparus. Grâce à cette transformation, les ancêtres du cheval ont gagné en rapidité et ont pu galoper pour échapper à leurs prédateurs de la steppe. Ils sont devenus des solipèdes, c'est-à-dire des animaux pourvus d'un seul doigt apparent protégé par un sabot.

QUAND L'HOMME CHASSAIT LE CHEVAL

Avant d'être domestiqué, 35 000 ans avant notre ère, le cheval représentait un gibier de choix pour l'homme. Ce dernier mangeait sa chair, utilisait sa peau pour confectionner des vêtements et ses os pour fabriquer des outils. On le sait grâce aux dessins préhistoriques illustrant des scènes de chasse qui ont été découverts dans la grotte de Lascaux.

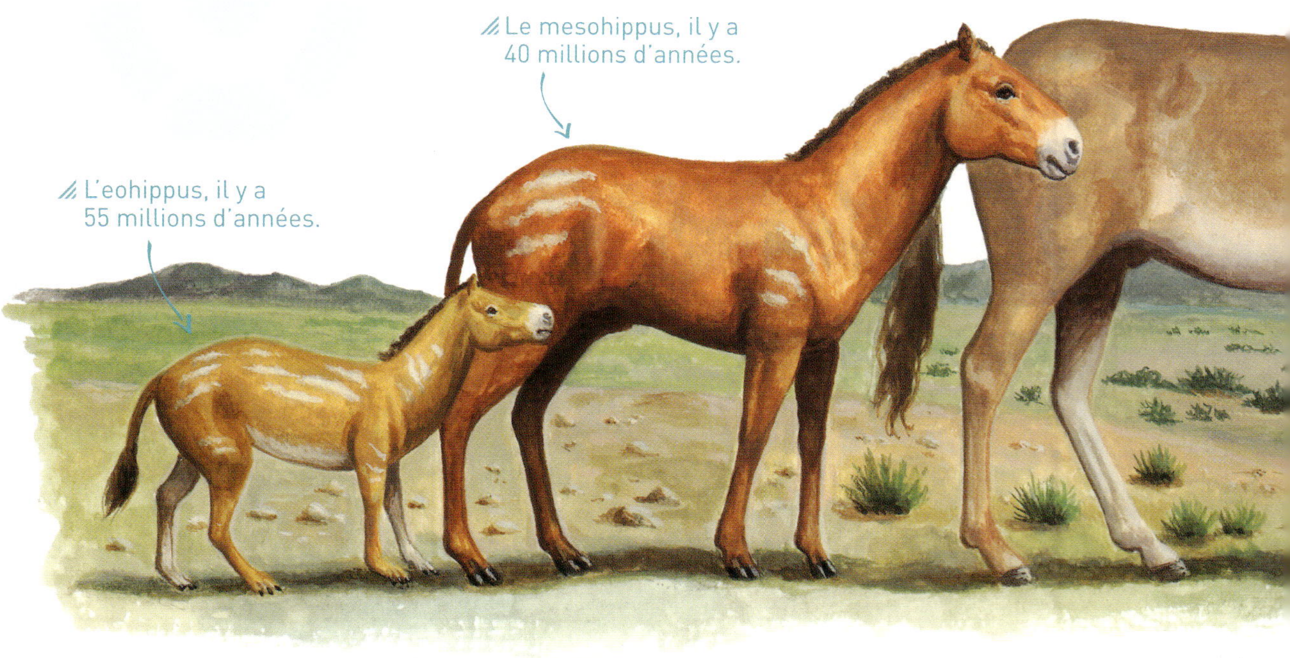

LE CHEVAL DE PRJEVALSKI

Les chevaux retrouvés à la fin du XIXe siècle par Prjevalski près du désert de Gobi, en Asie, appartiennent à la dernière espèce sauvage. Ils ont les mêmes traits primitifs que certains des chevaux représentés à la préhistoire : une grosse tête, des yeux placés haut, une raie de mulet (ligne de poils foncés entre le garrot et la queue). Ils ne se laissent ni dresser ni monter.

Le pliohippus, il y a 5 millions d'années.

L'equus caballus, il y a 1,5 million d'années.

L'origine du mot cheval

Lusitanien portugais en liberté sur une plage en Espagne.

DES MOTS FAMILIERS

Bidet, canasson : cheval laid, de peu de valeur.

Bourrin : cheval mou et gros, un rien stupide.

Carne, criquet, haridelle, mazette, rossinante : cheval maigre et laid, qui refuse d'avancer.

Cocotte : nom donné au cheval pour le faire avancer : « Hue, cocotte ! »

Genet : petit cheval rapide.

Maître d'école : cheval généreux, bien dressé et auquel on confie la formation des jeunes cavaliers.

Tocard : cheval dénué de qualités physiques, incapable de gagner une course !

MON BEAU « CABALLUS »

Pour nommer la plus belle conquête de l'homme, les Gaulois auraient pu choisir le mot *equus*, qui était donné chez les Romains aux animaux destinés à la monte. Mais ils lui ont préféré le mot latin *caballus*, qui signifie à la fois « mauvais cheval » et « cheval bon à manger ». Les Espagnols et les Italiens ont d'ailleurs fait le même choix, puisque le mot cheval se dit *caballo* en espagnol et *cavallo* en italien.
Le terme *equus* a pris sa revanche sur *caballus* en permettant de créer en français de nombreux mots se rapportant au cheval : équitation, équestre, équin, équidé et plus récemment équitant, qui est un synonyme de cavalier...

Peinture rupestre de la grotte de Lascaux (Dordogne) datant du paléolithique (environ 15 000 ans av. J.-C.).

Ancien caractère chinois : la partie supérieure symbolise un œil et la crinière du cheval ; la partie inférieure, les pattes et la queue.

LA FAMILLE DES « HIPPO »

En français, il existe une autre famille de mots pour décrire le monde des chevaux : la famille « hippo », à laquelle appartiennent hippodrome, hippisme, hippique, hippologie, hippiatrie... Leur ancêtre commun, le mot *hippos*, signifie « cheval » en grec.
Les mots qui désignent les chevaux sont liés à leurs qualités, à leur apparence ou à leur fonction. C'est ainsi qu'un coursier est un cheval rapide, une cavale une belle jument, un carrossier un cheval qui tire un carrosse. Au Moyen Âge, les destriers étaient des chevaux de combat, les palefrois des animaux de parade ou des montures pour dames. Sur l'hippodrome, le galopeur participe à des courses de plat et le trotteur, monté ou attelé à un sulky, à des courses de trot.

DE VRAIS SAUVAGES ?

Aujourd'hui, hormis le cheval de Prjevalski, il n'existe plus d'espèce réellement sauvage. On rencontre cependant des hardes en liberté : ce sont soit des animaux domestiques qui se sont échappés ou qui ont été relâchés et qui sont redevenus sauvages, comme les brumbys et les mustangs, soit des bêtes élevées en pleine nature comme les pottokak et les camarguais.

LES INFOS DE SOPHIE

Tout cavalier rêve de rencontrer des chevaux sauvages. J'ai vécu cette expérience en Patagonie, dans la Pampa argentine. J'étais à cheval et je suis tombée sur un troupeau. Un superbe étalon avec des crins très longs est venu à ma rencontre, s'est redressé fièrement et a henni avec force afin de prévenir le troupeau. Ils étaient une vingtaine en tout, des nouveau-nés tétaient sous les flancs de leur mère. Comme mon cheval est resté calme, j'ai pu les observer. C'était un spectacle magnifique !

Une jument camargaise et son poulain en liberté dans les marais de Camargue, une région du Sud de la France.

Les chevaux sauvages

M… COMME MUSTANG

Ce cheval de l'Ouest américain descend des chevaux andalous importés par les conquistadors espagnols. Il peut être domestiqué et devenir une excellente monture. Les étalons mustangs, appelés broncos, sont souvent indomptables, c'est pourquoi ils sont recherchés pour les rodéos. Mais leur nombre diminue et, depuis 1971, le mustang est protégé.

C… COMME CAMARGUAIS

Ces chevaux, héros des jeux et fêtes gardianes du delta du Rhône, appartiennent à un éleveur mais vivent en liberté. Sobres, solidement charpentés, ils ont le même comportement que les véritables chevaux sauvages. Comme ils sont robustes, ces « petits gris » sont particulièrement appréciés des centres équestres spécialisés dans les promenades.

Un troupeau de mustangs sauvages galopant crinière au vent dans une plaine du Nevada (États-Unis).

B… COMME BRUMBY

On pense que ces chevaux australiens descendent de montures perdues par des pionniers. Ils sont difficiles à domestiquer mais, une fois domptés, ils sont agréables à monter. Petits et agiles, ils font preuve de courage et d'endurance. Leur sens de l'orientation est impressionnant. Pourtant, les Australiens les jugent nuisibles et les chassent.

P… COMME POTTOK

Ces poneys robustes, aux crins fournis, sont élevés à l'état semi-sauvage dans les montagnes du Pays basque. Ils ne reçoivent pas de nom. Les éleveurs favorisent leur endurance physique et entretiennent leur méfiance vis-à-vis de l'homme. À l'origine, ils servaient comme animaux de trait* ou de bât* pour porter de lourdes charges.

Les chevaux et l'histoire

BUCÉPHALE

En 341 av. J.-C., le roi Philippe de Macédoine acheta un coursier du nom de Bucéphale. Mais personne ne pouvait monter ce cheval fougueux, et le roi décida de s'en débarrasser. Son fils Alexandre, âgé de quinze ans, s'y opposa alors en disant : « Père, vous ne savez pas vous y prendre ! » Amusé de cette prétention, Philippe lui proposa de dompter le cheval. Alexandre avait vu que Bucéphale avait peur de son ombre. Il le plaça donc face au soleil et l'enfourcha : le coursier ne broncha pas. Pendant leur chevauchée, Alexandre l'apaisa en lui parlant et en le caressant. Admiratif, Philippe s'écria : « Mon royaume n'est pas digne de toi. La Macédoine ne peut te suffire ! »
Avec Bucéphale, Alexandre le Grand bâtit un empire. Tué lors d'une bataille, le cheval eut des funérailles somptueuses. Autour de sa tombe, Alexandre fonda une ville qui porte son nom.

Alexandre le Grand montant Bucéphale lors de la bataille contre Darius III, roi de Perse.

Le Cid montant Babieca (gravure ancienne).

BABIECA

Vers 1060, quand le héros espagnol Rodrigo Díaz de Vivar, surnommé le Cid Campeador, fut en âge de partir à la guerre, son parrain, qui était éleveur de chevaux, lui proposa de choisir un poulain parmi les meilleurs spécimens de son troupeau d'andalous. Le choix du Cid s'étant porté sur un étalon blanc mal proportionné, son parrain exaspéré le traita de Babieca, c'est-à-dire « stupide ». Le Cid s'empressa de baptiser ainsi son nouveau compagnon.
Babieca fut pourtant l'un des plus puissants et des plus intelligents destriers de combat. Il partagea l'existence de son cavalier durant trente ans.

Entrée de Hernán Cortès dans la ville de Tlaxcala en 1519, lors de la conquête du Mexique (tableau anonyme).

MORZILLO

En 1525, en traversant le pays maya qu'il avait conquis et qu'il administrait, Hernán Cortès arriva avec son escorte près du lac de Petén Itza. Le cheval qu'il montait et qu'il aimait beaucoup, Morzillo, se blessa et ne put continuer le voyage. Pensant le récupérer au retour de sa mission, Cortès le confia alors aux Indiens du village de Tayasal. Ces derniers guérirent l'animal, mais, ne connaissant rien à l'élevage des chevaux, ils le nourrirent d'oiseaux grillés, de fleurs et de fruits. Morzillo se laissa mourir de faim. Quant à Cortès, il ne revint jamais et n'en sut rien. Plus tard, des religieux découvrirent que les habitants de Tayasal adoraient Tziunchán, une idole de pierre représentant un cheval : l'animal n'était autre que Morzillo. Choqués par ce culte, ils détruisirent la statue mais durent s'enfuir tant la colère des Indiens fut grande.

LISETTE

Nulle jument ne fut plus féroce que la belle Lisette, monture du général Marbot (1782-1854). Ce dernier l'avait achetée au rabais parce qu'elle mordait tous ceux qui l'approchaient. Pour la débarrasser de cette détestable habitude, Marbot se saisit d'un gigot brûlant et l'offrit à la jument alors qu'elle s'apprêtait à lui déchiqueter l'épaule. Ayant compris la leçon, Lisette ne s'avisa plus de s'en prendre au général et se laissa monter. En revanche, sa férocité resta intacte envers les étrangers. Au cours de la campagne de Russie, Lisette usa de sa terrible mâchoire pour sauver le général : elle tua deux Cosaques tandis qu'il tentait de se maintenir en selle. Puis, lorsqu'un boulet projeta son maître à terre, elle attendit les secours à son côté.

Sacrés champions

GÉLINOTTE

Son nom signifie « petite poule ». Gélinotte est l'une des descendantes d'Uranie, une championne qui, dans les années 1920, a remporté trois fois le Prix d'Amérique. Née en 1950, Gélinotte a été la première grande star des courses de trot. Elle a gagné deux Prix d'Amérique (1956, 1957), deux Prix de France, trois Prix de Paris, et bien d'autres encore ! Surnommée « la Madone des sleepings », elle traversait l'Europe dans des trains de nuit pour rejoindre les hippodromes. En huit années d'une belle carrière, elle a remporté 54 des 87 épreuves qu'elle a courues. Son entraîneur la vouvoyait et l'appelait « Belle demoiselle », les Italiens la surnommaient « Mademoiselle Arc-en-ciel ». Tout au long de sa carrière, elle a reçu de nombreuses lettres d'admirateurs, qui étaient toutes adressées à « Madame Gélinotte » !

Gélinotte lors d'une course de trot.

LUTTEUR B

Jonquères d'Oriola montant Lutteur B aux jeux Olympiques de Tokyo.

Quand, en 1963, Pierre Jonquères d'Oriola monte Lutteur B pour la première fois, celui-ci refuse d'obéir et daigne seulement sauter un muret de 80 centimètres... Un exploit ! Le caractère têtu de Lutteur B est attribué à ses origines irlandaises, mais, en bon Catalan, Jonquères ne l'est pas moins. Avec une infinie patience, le cavalier transforme Lutteur B en athlète. Il accumule les sans-fautes. Monté par Jonquères d'Oriola, Lutteur B remporte la médaille d'or en individuel aux jeux Olympiques de Tokyo en 1964. Hélas, la complicité entre l'homme et le cheval ne dure que quatre ans. En 1968, Lutteur B est attaqué par un étalon furieux qui lui sectionne le jarret. Le verdict du vétérinaire est sans appel, et une piqûre abrège ses souffrances. Lutteur B repose en terre catalane.

LES INFOS DE SOPHIE

D'une très grande beauté et d'un incroyable talent, Jappeloup est le cheval qui m'a le plus marquée. Je collectionnais tout ce qui pouvait le concerner : les livres, les posters, etc. Un jour, j'ai eu la chance de le voir à Bercy à l'occasion du Grand Jumping. Il ne formait qu'un avec son complice, Pierre Durand. La foule ne cessait de les encourager et j'avais les larmes aux yeux. Sa mort en 1991, d'une crise cardiaque, a été pour moi un moment douloureux. Je l'ai pleuré longtemps et je n'ai plus jamais ressenti le même engouement pour un champion de CSO (concours de saut d'obstacles).

JAPPELOUP

Jappeloup, monté par Pierre Durand, au championnat de France de 1988.

Des chevaux de légende

PÉGASE

Pégase, cheval ailé plus rapide que le vent, est un héros de la mythologie grecque et le symbole de l'inspiration poétique. Il jaillit du sang de Méduse quand Persée trancha la tête de cette créature monstrueuse à la chevelure formée de serpents. Grâce à des rênes magiques offertes par la déesse Athéna, Bellérophon, fils du roi de Corinthe, réussit à dompter ce merveilleux coursier. Ensemble, ils accomplirent de nombreux exploits, comme tuer la Chimère, monstre à tête de lion, corps de chèvre et queue de dragon, et vaincre les terribles Amazones. Mais, un jour, Bellérophon décida de rejoindre le mont Olympe, royaume des dieux, pour devenir immortel. Il suscita ainsi la fureur de Zeus, qui le foudroya. Seul le cheval ailé, épargné par le dieu suprême, y parvint et gagna l'immortalité.

LA LICORNE

La licorne est un animal fabuleux dont on trouve la trace dans un grand nombre de pays. En France, son apparition remonte à la fin du Moyen Âge. Thème favori des artistes de l'époque, elle est représentée sous la forme d'un cheval blanc et son chanfrein* porte une longue corne d'ivoire torsadée. Une tapisserie très connue nommée *La Dame à la licorne*, conservée au musée de Cluny à Paris, en offre un bel exemple.

Née à l'époque de l'amour courtois, où l'on respectait la femme, où l'on s'adonnait à des loisirs délicats tels que la poésie et la musique, la licorne est un symbole de sagesse et de vertu. Selon la légende, sa corne neutralise les effets de tous les poisons et seule une jeune fille au cœur pur peut la capturer.

ROSSINANTE

Don Quichotte, noble Espagnol désargenté, décide de devenir chevalier errant et de parcourir le monde pour y faire régner la justice. Comme tout bon justicier, il doit choisir une monture fougueuse et fière. Or, dans son écurie, il ne trouve qu'une vieille carne fatiguée, usée par le travail. Rossinante, c'est son nom, est couverte de plaies et n'aspire qu'à finir sa vie dans son box. Mais elle a du cœur. Pour son maître, elle galope ventre à terre, charge les moulins à vent, emprunte des sentiers escarpés. Rossinante est aussi désobéissante et maladroite. Elle refuse parfois d'avancer, se prend les pieds dans des bâtons, tombe... Pourtant, jamais son maître ne songe à s'en défaire. Et, quand elle se fait rosser par des muletiers, don Quichotte vole à son secours.

JOLLY JUMPER

Jolly Jumper est le cheval de Lucky Luke, célèbre cow-boy de bandes dessinées. Ce blanc coursier à la crinière blonde est un animal d'exception. Il joue aux échecs, saute à la corde sur un ballon, enlève sa selle et se brosse tout seul, parle, lit le journal et porte sur les hommes un regard plein d'humour.
Quand Lucky Luke a des problèmes, Jolly Jumper trouve toujours une solution pour le tirer d'affaire. Il est son compagnon de route, son frère d'armes, son confident. Ils sont inséparables.

LES INFOS DE SOPHIE

De tous les haras que je connais, je n'en ai jamais vu d'aussi beau que celui du Kentucky, aux États-Unis. C'est un véritable paradis pour les chevaux. Les étalons et les juments y sont traités comme des rois... et leurs box sont presque plus grands que ma première chambre d'étudiante !

Un percheron noir et un agent portant l'uniforme des Haras nationaux (haras du Pin, Normandie).

Les haras

UNE NOBLE MISSION

Les Haras nationaux sont des écuries chargées d'histoire, abritant des animaux splendides, des box immenses, des hippomobiles (voitures tirées par des chevaux) rutilantes. Dirigés par des scientifiques de haut niveau, ils ont pour mission de préserver et d'améliorer les différentes races chevalines. Ils prennent beaucoup de décisions concernant le monde hippique, par exemple celle de changer la classification des robes des chevaux.
Les plus célèbres sont ceux du Pin, de Pompadour, de Tarbes, de Besançon et de Saint-Lô, que l'on peut visiter toute l'année.

Agents d'un haras conduisant un attelage.

LE HARAS DU PIN

C'est à Louis XIV que l'on doit la création de ce haras royal dans l'Orne, en Normandie. Chargé de produire des chevaux performants pour l'armée et la Grande Écurie de Versailles, il a été construit entre 1715 et 1736 au cœur d'un immense domaine.
Aujourd'hui, le haras du Pin héberge une trentaine d'étalons. Il privilégie les races issues du terroir : le percheron, le pur-sang anglais, le trotteur français, le selle français. Comme dans les autres haras de France, les étalons devenus célèbres par la qualité de leur descendance y sont appelés « chefs de race ». Le plus célèbre que le haras ait hébergé est l'étalon Furioso, un pur-sang importé d'Angleterre en 1946 et mort en 1967. Pendant ces vingt et une années, il a eu 548 descendants.
Le haras du Pin a inspiré de nombreux artistes, parmi lesquels Edgar Degas et Raoul Dufy. En 2004, un film intitulé *Basse Normandie* y a été tourné.

Retour à l'écurie au haras du Pin.

La reproduction

LA JUMENT EST PRÊTE

Pour la reproduction, il faut une poulinière, c'est-à-dire une jument, et un étalon capables de transmettre au poulain de bonnes qualités physiques et mentales. Pour que la rencontre soit possible, la jument doit être en chaleur, sinon elle repousse l'étalon par des ruades et des morsures !

La femelle rejette le mâle d'une ruade.

LA PARADE AMOUREUSE

À l'état sauvage, l'étalon doit faire preuve d'une grande imagination pour séduire sa dulcinée. Queue en panache, naseaux au vent, il parade devant elle. Elle l'observe, fait mine de céder, puis s'éloigne au petit trot mais se laisse rejoindre. Cette parade amoureuse dure deux à trois jours. Quand la jument est prête, elle se campe sur ses quatre jambes et prend la « position du chevalet ». L'étalon grimpe alors sur son dos et lui mord la nuque pour lui interdire tout mouvement.

LE BOUTE-EN-TRAIN

Au haras, les relations amoureuses des étalons et des juments sont beaucoup moins romantiques. C'est le responsable de la reproduction équine, appelé étalonnier, qui décide de tout. Certaines poulinières sont fécondées artificiellement, elles ne rencontrent jamais le père de leur poulain.
Pour détecter la période des chaleurs et préparer la jument à recevoir un mâle qu'elle n'a pas choisi, l'étalonnier place auprès d'elle un étalon sans valeur appelé boute-en-train, agaceur ou souffleur. Lorsque la jument est prête, le boute-en-train est renvoyé à son box et c'est un étalon aux origines prestigieuses qui féconde la poulinière.

Accouplement de fjords.

Jeux amoureux entre un étalon et une poulinière.

HONGRES ET ÉTALONS

La plupart des chevaux mâles que tu croises dans les centres équestres ont été castrés : ce sont des hongres. Moins capricieux que les juments, moins impulsifs que les étalons, ils sont calmes et hennissent peu.
Les étalons, appelés « entiers », ont en effet des réactions imprévisibles et leur fougue est un handicap pour le travail en manège. Dans une écurie, lorsque le palefrenier distribue les repas, l'étalon pousse des rugissements pour manifester son impatience et frappe brutalement le sol avec l'un de ses antérieurs. Les étalons sont essentiellement destinés à la reproduction et aux compétitions.

Les étalons sont plus vifs que les hongres : ils doivent être montés par des cavaliers confirmés.

La naissance

BÉBÉ ARRIVE

Jument en fin de gestation.
Le poulain va bientôt naître.

Une poulinière porte son petit onze mois et accouche le plus souvent pendant la nuit. Au cours des dernières semaines, elle devient nerveuse. Elle se couche et se lève fréquemment, évite les autres chevaux et parfois même les agresse. Environ quinze jours avant l'accouchement, que l'on appelle poulinage, ses mamelles grossissent. Quarante-huit heures avant la naissance, elles gonflent encore et un liquide jaunâtre s'en échappe : on dit que les mamelles « cirent ».

LOIN DES AUTRES

Quand vient l'heure de la naissance, la jument qui vit en liberté dans les prés part s'isoler. Ce choix est un réflexe ancestral. En s'écartant, elle met le troupeau à l'abri des prédateurs qui peuvent être attirés par l'odeur du sang qu'elle perd en accouchant. Lorsqu'elle est dans un box, elle tourne en rond, s'agite, regarde son ventre et ses hanches. Elle transpire abondamment au niveau des épaules et des flancs. Il ne faut surtout pas la déranger. Elle préfère être seule. Si tu veux assister à la naissance, observe-la de loin. Quand la jument est inquiète, elle peut retarder son accouchement de quelques heures.

LES INFOS DE SOPHIE

La naissance d'un poulain est sûrement un moment magique pour quelqu'un qui aime les chevaux : c'est pourquoi j'aimerais y assister ! Mais je suis assez fragile et je supporte mal la vue du sang, alors...

À la naissance, le nouveau-né tombe sur la paille. La jument le lèche longuement : chacun s'imprègne de l'odeur de l'autre. Un grand moment de tendresse...

L'ACCOUCHEMENT DE LA POULINIÈRE

La mise bas dure environ trois quarts d'heure. La poulinière commence par perdre les eaux. En général, au moment de l'expulsion, elle se couche sur le flanc. Les antérieurs* sortent les premiers. Le poulain vient au monde enveloppé dans une membrane appelée amnios, dont il se débarrasse avec l'aide de sa mère. Ensuite, elle le lave méticuleusement et se frotte contre lui pour le sécher.

La jument est une maman particulièrement attentive. Quand l'accouchement se déroule sans problème, l'homme n'intervient que pour aider le poulain à sortir. Après la naissance, il est très important de laisser la jument en tête à tête avec son poulain pour qu'ils apprennent à se connaître et à se reconnaître. Si tu as hâte de voir le petit, prends patience ! Attends quelques heures avant de les approcher.

Le poulain a de très longues jambes pour pouvoir atteindre les mamelles de sa mère.

DES POULAINS

Dans le monde des courses, le bébé pur-sang est appelé **foal** de zéro à six mois, puis **yearling** jusqu'à la fin de sa première année. Le poulain de trait est appelé **laitron** de la naissance jusqu'au moment du sevrage.

DEBOUT !

Dans la demi-heure qui suit sa venue au monde, le poulain se lève. Encouragé par sa mère, il commence maladroitement à marcher. Dans la nature, il peut suivre le troupeau au bout de quelques heures, même au galop !
Très vite, il tète sa mère. Ce moment de complicité lui apporte un profond sentiment de sécurité. Comme le lait humain, celui de la jument protège le nouveau-né des maladies et des infections. Si l'homme n'intervient pas, le poulain cesse de consommer le lait maternel entre neuf et douze mois.

Le poulain et sa maman

QUITTER LES MAMELLES

Le petit peut téter jusqu'à la naissance du poulain suivant.

Dès que ses dents de lait ont poussé, le poulain se met à brouter. Dans un premier temps, il imite sa mère. Elle lui apprend à distinguer les plantes comestibles des plantes toxiques qui le rendront malade. Il continue malgré tout à téter. Aujourd'hui, de plus en plus d'éleveurs choisissent de laisser le jeune animal s'éloigner de son plein gré de sa mère. Ils savent que ce sevrage naturel aura une influence bénéfique sur son caractère d'adulte.

AVEC LE TROUPEAU

Pour que l'éducation du poulain soit la plus équilibrée possible, les éleveurs le replacent rapidement, avec sa mère, dans un troupeau de poulinières « suitées » (juments destinées à la reproduction suivies de leur poulain). Au milieu de la harde, en jouant, il va apprendre à respecter l'autorité, à communiquer avec les autres chevaux et à s'adapter à son environnement.

Quelques heures à peine après sa naissance, le poulain est capable de galoper.

Pour entraîner un cheval à accepter la présence d'un homme sur son dos, on se hisse d'abord avec précaution, sans l'aide des étriers et en lui parlant pour le rassurer. Ce n'est qu'après plusieurs essais, répartis sur plusieurs semaines, qu'il est possible de rester en selle sans être éjecté.

PRÉPARER LE CHEVAL À L'ÉQUITATION

Procéder au débourrage, c'est préparer un poulain à porter un cavalier sur son dos, mais aussi lui inculquer les premières notions concernant les aides (voir p. 146) : action des mains, des jambes et de l'assiette. Le débourrage commence entre deux et trois ans et s'effectue de façon progressive, dans le calme et surtout sans violence. Chaque progrès, même le plus minuscule, doit être encouragé. Lorsque le poulain a été traité tendrement par l'homme depuis sa naissance, le débourrage ne présente aucune difficulté.

LES INFOS DE SOPHIE

Si un cheval ne se laisse pas facilement approcher ou seller, c'est sans doute parce qu'il lui est arrivé quelque chose au moment du débourrage. C'est pour cette raison qu'il s'agit d'une étape très importante dans la vie d'un cheval. Il faut procéder avec beaucoup de douceur, d'amour et de patience, sinon il risque d'être traumatisé toute sa vie. Les chevaux ont une excellente mémoire...

Le débourrage

MAÎTRISER L'ÉNERGIE DU POULAIN

Le débourrage débute par une série d'exercices au cours desquels le poulain est guidé mais non monté. Durant les premiers jours, le dresseur le fait marcher à côté d'un cheval plus âgé monté par un cavalier. La présence d'un aîné rassure et apaise le jeune animal. Il dose ses allures, apprend à maîtriser ses émotions et son énergie, il se familiarise avec le licol.

LE TRAVAIL À LA LONGE

Puis vient le temps du travail à la longe. Le cheval se rode aux ordres donnés de la voix. Il apprend à s'arrêter sur un « hola » ou à se porter en avant sur un claquement de langue. Pour le guider, le dresseur effleure certaines parties de son corps avec la pointe d'un long fouet sans mèche appelé chambrière. Jamais de coup ! Un cheval frappé deviendrait une mauvaise monture.
Après plusieurs séances de travail à la longe, on place sur le dos du jeune cheval une selle sans étrivières*, c'est-à-dire sans les courroies des étriers. Lorsque l'animal s'est bien habitué à la selle, on ajoute les étrivières et les étriers, qu'on laisse pendre. Le cavalier enfourche alors le cheval, il l'habitue à son poids, puis procède à son apprentissage par étapes.
Il faut être calme et, surtout, ne pas insister quand l'animal résiste. Une fois que le cheval sait marcher aux trois allures (pas, trot, galop), mais aussi s'arrêter, tourner, reculer et sauter de petits obstacles, le débourrage est achevé. Il est temps de passer au dressage.

Le travail à la longe et à la voix doit être mené avec beaucoup de calme.

Le dressage

DE L'ART D'ÉDUQUER UN CHEVAL

Le dressage d'un cheval relève de l'éducation. Dresser, c'est créer des automatismes, tandis qu'éduquer, c'est faire comprendre : la différence entre les deux termes est capitale. Un cheval dressé doit savoir ce qu'il fait et pourquoi il le fait. Il interprète les intentions du cavalier et agit en conséquence.
Sais-tu pourquoi les hommes ont commencé à dresser les chevaux ? Ils avaient besoin d'alliés efficaces pour travailler, pour se déplacer, et plus particulièrement pour faire la guerre. Un cheval « mis », c'est-à-dire dressé, permettait souvent d'avoir la vie sauve au cours d'une bataille. Bucéphale, le cheval d'Alexandre le Grand, Babieca, celui du Cid, La Pie, celui du maréchal de France Turenne..., ils sont nombreux à être célébrés dans les livres d'histoire pour leur vaillance au combat.

RESPECTER L'ANIMAL

L'art équestre, ou art du dressage, existe depuis des temps anciens. Il donne lieu de nos jours à une épreuve olympique et à des concours.
De nombreux manuscrits offrent une description du dresseur idéal : il respecte la personnalité de l'animal, communique avec lui par les gestes et la voix, fait preuve d'indulgence, se montre juste. Tous condamnent de la même façon les mauvais traitements et les coups. De nombreux auteurs, comme le philosophe grec Xénophon (vers 430-vers 355 av. J.-C.) et le directeur du manège des Tuileries François Robichon de La Guérinière (1688-1751), ont rédigé de célèbres traités d'équitation, encore lus aujourd'hui.

Dressage à pied, à côté du cheval. Le dresseur le guide avec son corps et sa voix, l'animal est en liberté, il obéit avec un minimum de contraintes.

Apprentissage du pas espagnol en longues rênes : le cheval doit lever les antérieurs* à l'horizontale.

UN CHEVAL FRANC, FORT ET LÉGER

Depuis toujours, les dresseurs s'évertuent à développer trois qualités fondamentales chez leurs élèves : la franchise, la force et la légèreté. Un cheval franc obéit à son cavalier parce qu'il a confiance en lui et comprend son langage. Il est fort quand son entraînement physique lui permet d'accomplir sans fatigue tous les exercices. Il est léger quand son corps, souple et équilibré, obéit aux moindres signes donnés par les aides (jambes, mains, assiette).

LES INFOS DE SOPHIE

Je suis admirative devant les maîtres écuyers. Et surtout, j'ai un véritable coup de cœur pour Jean-François Pignon. Lorsqu'il était enfant, ses parents n'avaient pas les moyens de lui offrir du matériel d'équitation. Il avait donc récupéré une jument destinée à l'abattoir et tous les jours, après l'école, il s'appliquait à la dresser afin qu'elle lui obéisse au doigt et à l'œil ! Avec beaucoup de patience et d'amour, la jument s'est laissé faire. Elle a commencé par lever un pied, puis s'est assise, et ainsi de suite... Aujourd'hui, Jean-François Pignon dresse de nombreux chevaux et il est connu dans le monde entier.

Le piaffé, un trot sur place où les antérieurs* sont suspendus et majestueux. Le cheval se projette d'un diagonale sur l'autre sans se déplacer.

ALLER LENTEMENT, C'EST ALLER VITE

Il faut demander peu de choses à la fois à son cheval et le récompenser souvent, adapter les exercices à son niveau, ne jamais aller au-delà de sa patience, s'assurer qu'il a bien compris les ordres. « Aller lentement, c'est aller vite » : telle est la devise des bons dresseurs.
Le cheval est un animal doux, courageux et bon élève. Il est sensible aux marques d'affection et aux félicitations. Si on ne le brusque pas, il donne le meilleur de lui-même. Une fois dressé, il sait exécuter en souplesse toutes les figures de manège, des plus simples aux plus compliquées. Il arrondit son corps sur les courbes, il part au galop de pied ferme depuis l'arrêt. Lorsqu'un cheval est parfaitement dressé, on dit qu'il est « mis au bouton ». Après plusieurs années de dressage et d'efforts, il peut devenir un véritable danseur.

C'EST PARFOIS LUI LE MAÎTRE

Dans le milieu équestre circule un proverbe qui dit : « À jeune cheval, vieux cavalier. À jeune cavalier, vieux cheval. » Il est très compliqué de « mettre » (de dresser) parfaitement un cheval sans lui donner de mauvaises habitudes. C'est le travail de cavaliers accomplis. En revanche, toi qui débutes, tu as tout à apprendre d'un vieux cheval correctement mis. Ce sera ton « maître d'école », et il te fera découvrir toutes les finesses de l'équitation.

Ici, le cheval pivote très vite sur les jambes arrière tout en croisant les jambes avant : il exécute un spin, une figure de l'équitation western. En France, cette spécialité, qui se pratique en extérieur, est destinée au spectacle. Le dressage western prépare le cheval à travailler au milieu d'un troupeau de vaches.

Chevaux et poneys

RECONNAÎTRE UN PONEY

Les poneys ont une tête et une morphologie différentes de celles des chevaux. Ils sont classés en quatre catégories selon leur hauteur au garrot, qui ne dépasse jamais 1,48 m : la mesure se calcule du sol jusqu'à la partie située à l'intersection du dos, de l'encolure et de l'épaule, appelée garrot (voir schéma pp. 38-39). Les poneys sont des animaux rustiques, qui demandent assez peu de soins et peuvent vivre à l'état semi-sauvage. Ils mangent peu, font preuve d'une grande résistance et sont patients, surtout avec les enfants. Sensibles mais parfois entêtés, ils n'obéissent qu'à des ordres clairs et précis.
Il existe de très nombreuses races de poneys : shetland, pottok, landais, haflinger, new forest, connemara et bien d'autres encore.

DU PLUS GRAND AU PLUS PETIT

Le cheval mesure de 1,49 m à 1,85 m, à l'exception du falabella, qui ne dépasse pas 46 cm au garrot ; pour désigner familièrement les poneys de grande taille, on utilise le terme de double poney (1,38 m à 1,48 m au garrot). La taille des poneys va de 1,08 m à 1,48 m.

* Poneys de 1,40 m à 1,48 m : fjord, poney de selle français, haflinger...
* Poneys de 1,30 m à 1,40 m : islandais, yakout, bosniaque...
* Poneys de 1,08 m à 1,30 m : shetland américain, welsh mountain, timor...
* Poney de moins de 1,08 m : shetland.

Le falabella est un petit cheval, qui n'est pas destiné à être monté.

CHEVAL DE TRAIT ET CHEVAL DE SELLE

Le cheval de trait (ou simplement « trait »), destiné à tracter des attelages, est solide et charpenté. Pour participer à des compétitions, il doit mesurer au moins 1,48 m au garrot. En France, on dénombre neuf races de traits officiellement reconnues : l'ardennais, le comtois, le percheron, le cob, le poitevin, l'auxois, le boulonnais, le breton, le trait du Nord.

Le cheval de selle dépasse lui aussi 1,48 m au garrot. Son ossature légère et allongée le destine à l'équitation sportive et de loisirs.

Un cheval a du gros lorsqu'il est robuste mais un peu mou. Il a du sang lorsqu'il est taillé comme un athlète, puissant et énergique. En résumé, s'il a du gros, c'est un 38-tonnes et, s'il a du sang, c'est une Ferrari. Il peut avoir l'un, l'autre, ou les deux à la fois. Les pur-sang arabes ou anglais, les anglo-arabes et les lusitaniens ont du sang.

Le trait servait autrefois à tracter les attelages.

L'anatomie du cheval

EMPLOIE LE BON TERME !

En hippologie, la science qui éudie le cheval, on divise le corps en trois parties : l'avant-main, le corps et l'arrière-main. Comme les humains, il a une bouche, pas une gueule, des jambes, pas des pattes, un nez, pas un museau, et un menton. L'arrière-main propulse le corps vers l'avant.

UN DANSEUR QUI FAIT DES POINTES EN SABOTS

La ligne du dessus part de la nuque, suit l'encolure, le garrot, le dos, les reins, la croupe, et s'achève à la naissance de la queue. La ligne du dessous part de l'ars, longe le passage de la sangle, le ventre, et s'achève à l'entrecuisse.
Les jambes avant sont appelées les antérieurs : elles soutiennent le corps et jouent un rôle d'amortisseur. Les jambes arrière sont appelées les postérieurs.

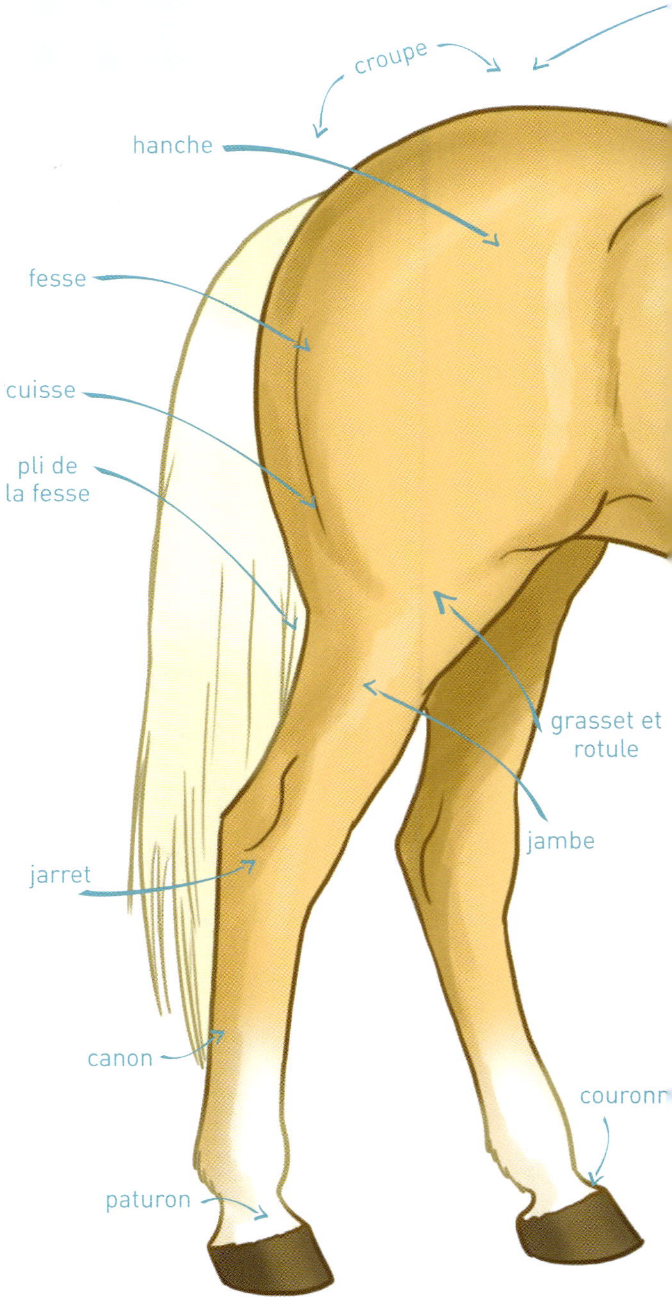

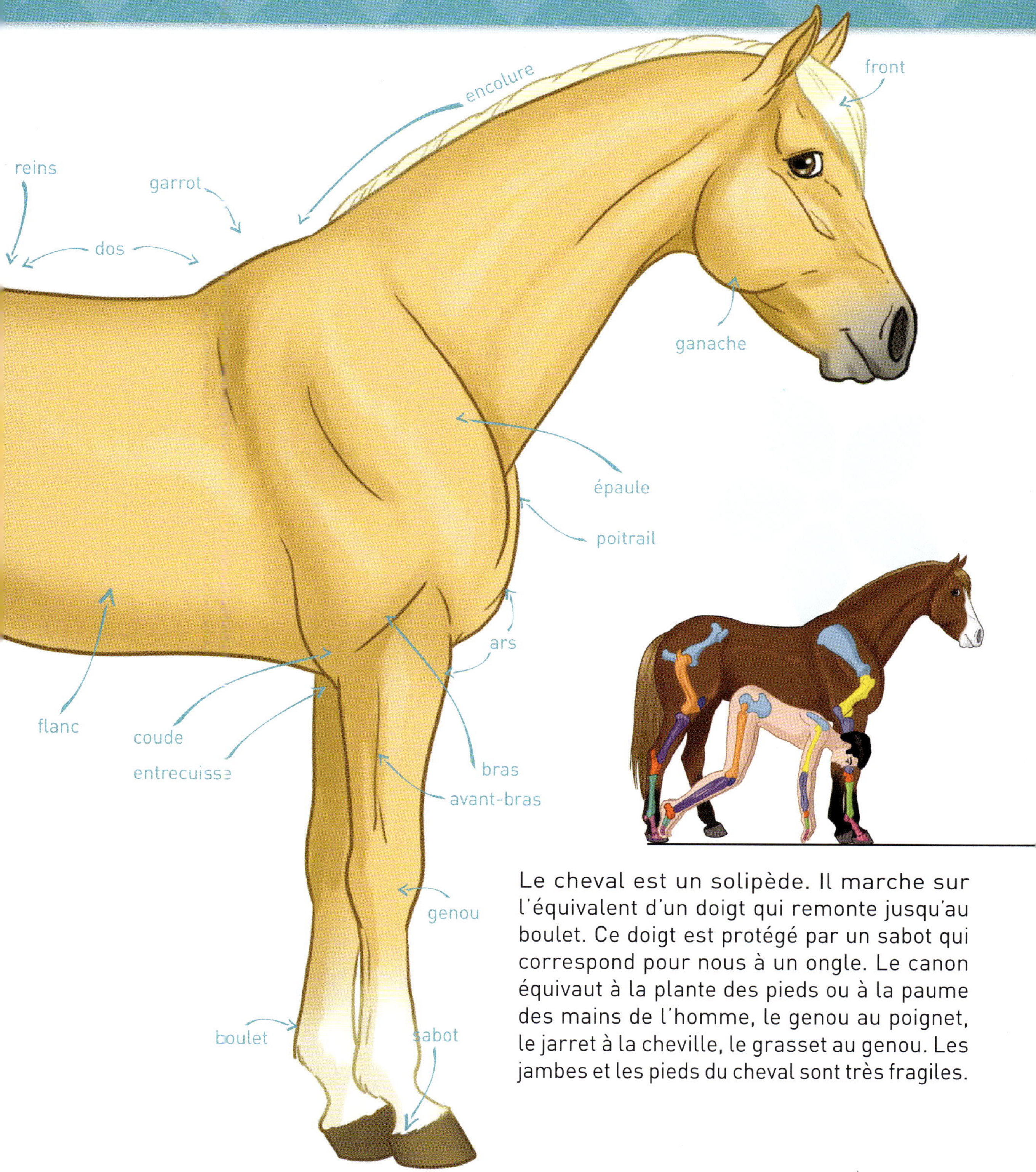

Le cheval est un solipède. Il marche sur l'équivalent d'un doigt qui remonte jusqu'au boulet. Ce doigt est protégé par un sabot qui correspond pour nous à un ongle. Le canon équivaut à la plante des pieds ou à la paume des mains de l'homme, le genou au poignet, le jarret à la cheville, le grasset au genou. Les jambes et les pieds du cheval sont très fragiles.

Des modèles de beauté

LES APLOMBS

Les aplombs indiquent la direction des membres d'un cheval par rapport au sol et servent à juger de la solidité d'une monture, de son équilibre et de l'harmonie des allures. Pour être apte au travail et à la compétition, un cheval doit avoir des aplombs réguliers et un corps bien proportionné. C'est le pur-sang arabe, considéré comme le cheval parfait, qui sert de référence. On étudie les aplombs à l'arrêt, de profil et de dos :

* si les jambes suivent les lignes verticales et sont parallèles, les aplombs sont dits réguliers ;
* si les jambes s'écartent des lignes verticales, les aplombs sont dits irréguliers.

Modèle de cheval bien proportionné.

Le corps doit s'inscrire dans un carré.

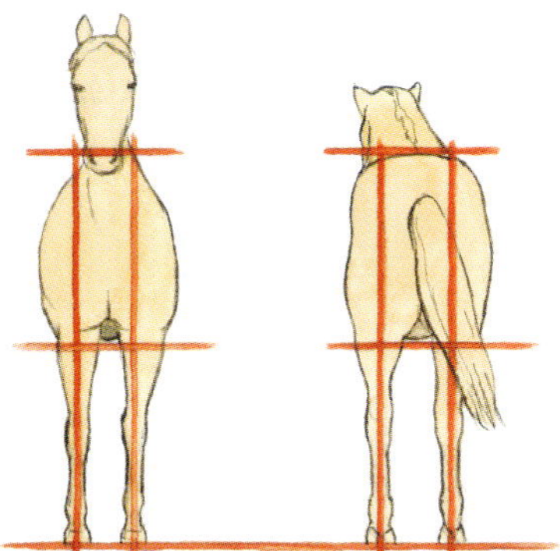

Les membres doivent être verticaux.

Chevaux mal proportionnés : leur corps ou leurs membres ne rentrent pas dans le carré.

Fait en montant, jarrets loin derrière.

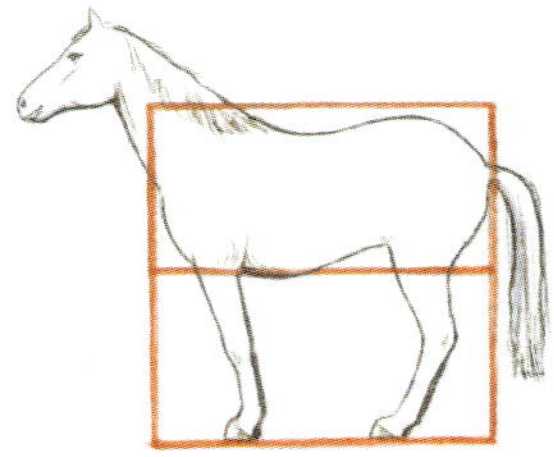

Cheval sous lui, dos ensellé.

Cheval haut sur jambes.

Fait en plongeant.

Cheval campé.

Cheval long.

Membres défectueux, c'est-à-dire différents du modèle de référence.

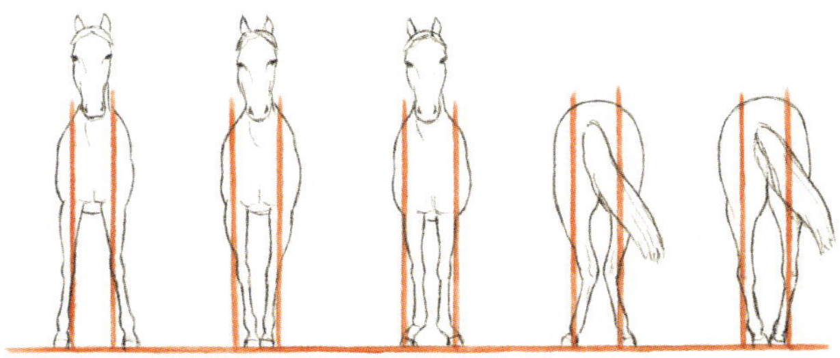

Ouvert du devant. Serré du devant. Panard du devant. Jarrets clos. Jarrets ouverts.

LA TÊTE

L'ensemble tête-encolure se nomme balancier. C'est une sorte de gouvernail qui permet au cheval de modifier son équilibre.
La tête indique le degré de noblesse, d'intelligence et d'énergie du cheval. Les écuyers l'observent toujours en détail de la pointe des oreilles jusqu'au bout des naseaux. Il existe de nombreuses formes de têtes : tête camuse, tête de rhinocéros, tête busquée...
Les belles oreilles sont un signe de distinction. Courtes, piquées en avant et mobiles, elles sont parfaites et dites hardies. Malheureusement, on en trouve aussi de très laides. Ainsi, certains chevaux sont des oreillards : ils ont les oreilles longues et pendantes. D'autres ont des oreilles de cochon ou des oreilles d'âne !

Parties extérieures de la tête.

Quand le cheval galope, la queue relevée est un signe de bonne humeur.

LA QUEUE

Signe d'élégance, de beauté et de fougue chez les chevaux de sang, la queue prolonge la ligne de la croupe. Elle est divisée en trois parties distinctes : la racine, le tronçon et les crins.
La façon dont il porte sa queue renseigne sur le caractère du cheval. Si elle est en trompe ou en trompette, il est fougueux. Si elle suit la courbe du dos, il est franc et généreux. Lorsqu'elle bouge sans arrêt, on a affaire à un animal irritable. Quand elle fouette en tous sens, on dit qu'elle « quoaille » !

Belles dents, bons pieds

ALLEZ, SOURIS !

Les étalons possèdent 40 dents et les juments, 36. Sur les côtés de la mâchoire se trouve la barre, espace édenté sur lequel le mors vient se placer. Les mâles possèdent deux canines, les crochets.

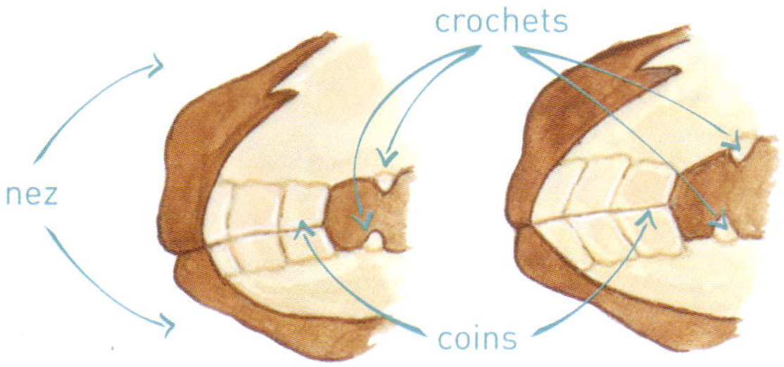

Comme toi, le cheval a des dents de lait. Il a toutes ses dents d'adulte à quatre ans et demi.

Les incisives les plus proches des crochets chez l'étalon et de la barre chez les juments sont les coins. Quand une jument a des crochets, on dit qu'elle est bréhaigne. L'examen de la denture permet de définir l'âge du cheval. Les incisives s'usent en effet au contact des aliments et, au fil des ans, forment un angle de plus en plus aigu.

Les dents du cheval poussent, le dentiste équin doit les examiner et parfois les limer.

DES PIEDS DÉLICATS

Chez le cheval, les pieds sont constitués de parties vivantes, très sensibles, protégées par une enveloppe cornée dénommée sabot ou boîte cornée. Ils préservent le tissu velouté et les organes internes. La corne noire est réputée plus dure que la blanche.
Les soins hygiéniques (curetage, lavage, graissage) ainsi que l'entretien des fers du cheval sont d'une importance primordiale. Comme tes ongles, les sabots poussent, c'est pourquoi le maréchal-ferrant doit les tailler tous les mois.

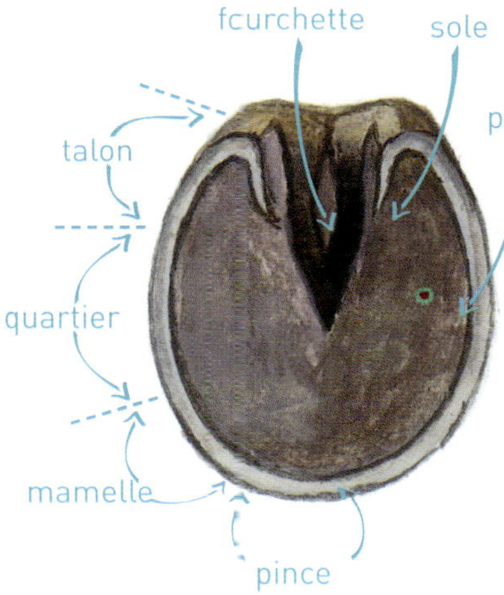

La surface plantaire du pied.

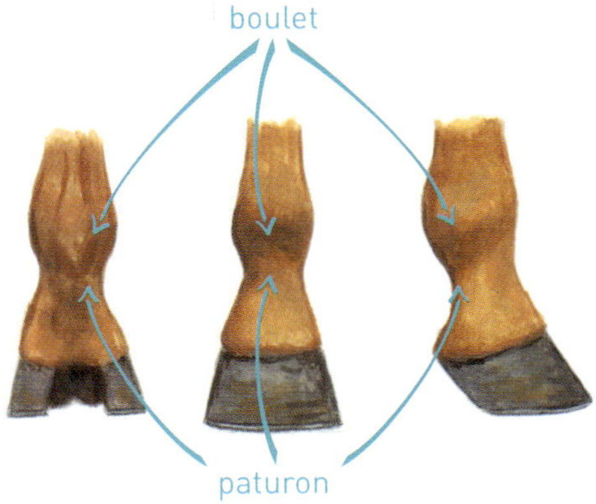

Le pied vu de dos, de face et de profil.

LES FERS À CHEVAL

Pour éviter une usure trop rapide des sabots, il faut poser des fers, qui protègent également le pied du cheval. Il existe deux types de ferrures : la ferrure à chaud, dite à la française, qui nécessite un « teneur de pied » (assistant ou appareil qui maintient le pied du cheval) ; et la ferrure à froid, dite à l'anglaise, que le maréchal-ferrant exécute seul en serrant le pied du cheval entre ses genoux.

Ferrure à chaud à la française.

Le maréchal-ferrant lime les sabots du cheval avant de poser les fers.

Les sens en alerte

UNE VUE PANORAMIQUE

Le champ visuel du cheval, c'est-à-dire l'espace qu'il peut voir sans bouger la tête, est de 340° : on dit qu'il a une vision panoramique. Celui de l'homme est de 150°.
Les yeux ne sont pas alignés comme chez l'homme, ils sont séparés par le chanfrein, la partie qui va du front aux naseaux. C'est pourquoi le cheval voit deux espaces différents, à gauche et à droite ; c'est un peu comme s'il regardait une image coupée en deux. Il existe cependant une zone de vision commune aux deux yeux, mais elle est étroite et l'animal ne distingue pas les objets qui se trouvent trop près de sa tête.

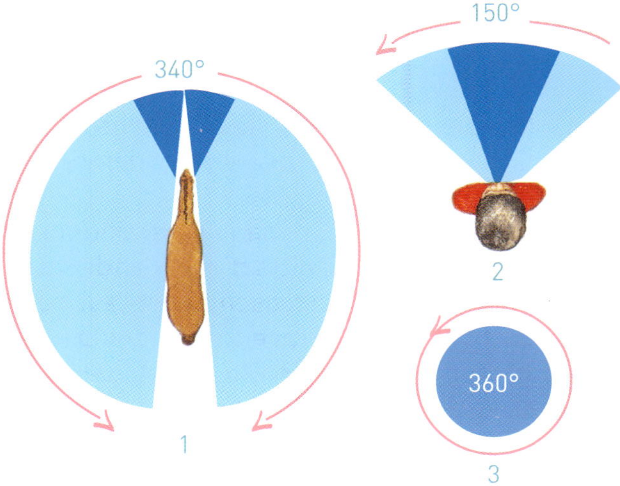

1. En bleu clair, la vision du cheval sur les côtés. En bleu foncé, sa vision commune aux deux yeux.
2. Vision de l'homme.
3. Ce que serait la vision de l'espace totale : devant, derrière et sur les côtés.

Le sucre que tu lui tends est perçu par les vibrisses (poils tactiles) de son menton. Il est incapable de le voir.
Ce détail a son importance lorsque tu le montes. Si tu veux, par exemple, éviter un refus ou une dérobade devant un obstacle, tu dois lui permettre de le voir de loin et de face. Au moment du saut, le cheval agit en aveugle. En outre, les objets lui apparaissent plus gros qu'ils ne le sont en réalité.
On ne sait pas si le cheval voit le monde en couleurs, mais on sait qu'il différencie mal les tons clairs. En revanche, la nuit, il voit presque aussi bien que le chat car, comme lui, il a une pupille qui se dilate.

Le cheval a une vision très large vers l'avant et sur les côtés, mais il ne voit pas les objets placés juste devant son nez.

UN ODORAT AIGUISÉ

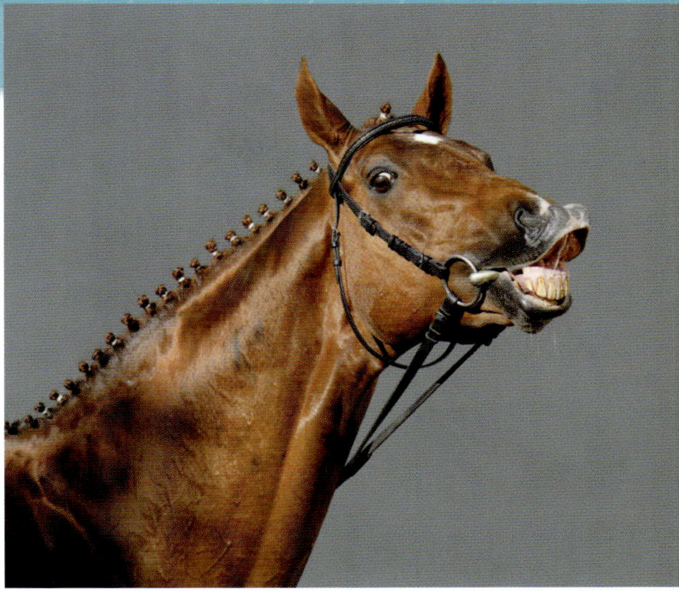

Les odeurs apportent des informations capitales au cheval. Il les aspire et les mémorise pour toujours.
Il lève la tête et retrousse sa lèvre supérieure pour goûter l'air par le biais d'une glande très sensible, l'organe de Jacobson, située sur son palais. Cette façon surprenante de « boire l'air » est appelée flehmen. Pour se saluer, les chevaux reniflent leurs souffles.

Le flehmen, une mimique qui permet au cheval de mieux capter les odeurs.

UNE OUÏE FINE

Les oreilles du cheval sont comme deux antennes orientables qui détectent le moindre son. Elles sont capables d'entendre un craquement de branche à plusieurs centaines de mètres et de le localiser avec précision.

Les oreilles s'orientent vers le bruit.

Cette bonne qualité d'écoute permet au cheval de percevoir la présence des prédateurs. Par ailleurs, des expériences ont montré que la musique classique a sur lui un effet apaisant alors que les rythmes pop et rock le stressent.

LES INFOS DE SOPHIE

Vous avez sûrement déjà entendu quelqu'un dire : « Les chevaux sentent que j'ai peur. » C'est vrai, ils ressentent tout, c'est pourquoi il est important d'entrer confiant dans un box. Il faut toujours prévenir l'animal, lui parler, l'approcher tranquillement, le caresser avant de faire quoi que ce soit.

Quelles robes !

DES ROBES SIMPLES

On appelle robe l'ensemble des poils et des crins qui couvrent le corps d'un cheval.
Les robes simples, d'une seule couleur, sont au nombre de quatre : blanc, noir, café au lait et alezan. Les chevaux blancs, symboles de pureté et de lumière solaire, sont rares et ont la peau rose. Le coursier noir, compagnon des justiciers, porte bonheur. Quand sa robe est parsemée de reflets bleus, elle est de couleur jais. Dans le monde arabe, les chevaux alezans, à la robe cuivrée, ont la réputation de savoir voler.

DES ROBES COMPOSÉES

Les robes composées comportent des poils de différentes couleurs, mélangés ou non.
Chez le bai (marron tirant sur le rouge), l'isabelle (jaune plus ou moins foncé) et le souris (gris cendré), les crins et les extrémités – jusqu'au genou pour l'avant-main, jusqu'à la pointe du jarret pour l'arrière-main – sont noirs.
Trois sortes de robes sont issues du mélange uniforme de deux poils :
- gris (blanc et noir) ;
- aubère ou pêchard (blanc et alezan) ;
- louvet (alezan et noir).

Le rouan est une robe issue du mélange uniforme de trois poils (blanc, alezan et noir).
Les robes pie sont blanches et parsemées de larges taches (bai, noir ou alezan) qui rappellent celles des vaches. Très rarement, le mariage associe deux couleurs dont le blanc est exclu. Dans certaines races, on trouve des robes tigrées ou tachetées.

LES INFOS DE SOPHIE

Pour mémoriser toutes les couleurs de robes, il suffit de retenir quatre formules :
- **banc**, pour **b**lanc, **a**lezan, **n**oir, **c**afé au lait ;
- **bis**, pour **b**ai, **i**sabelle, **s**ouris ;
- **gal**, pour **g**ris, **a**ubère, **l**ouvet ;
- **rp**, pour **r**ouan, **p**ie.

alezan
blanc
café au lait
souris
bai
gris
louvet
pie
rouan

Chacun son look !

DES ROBES À MOTIFS

Les robes des chevaux ne sont pas uniformes. En les observant, on y découvre toutes sortes de signes distinctifs, plus ou moins visibles. Dans les manuels d'hippologie, ces différents signes, appelés particularités, sont classés et définis en fonction de leur position sur le corps. Si tu apprends à les reconnaître, tu pourras facilement identifier un animal.

Robe tachetée léopard.

Petite balzane herminée.

Grande balzane.

Balzane chaussée.

Trace de balzane.

Principe de balzane.

Petite balzane.

SOCQUETTES OU CHAUSSETTES ?

On appelle balzanes les marques blanches qui habillent les jambes des coursiers. On les désigne selon leur position et leur nombre. Elles sont antérieures, postérieures, latérales ou diagonales. Elles sont herminées quand elles sont parsemées de taches reprenant la couleur de la robe. Selon leur taille, on parle de trace de balzane, de principe de balzane, de petite balzane, de grande balzane ou de balzane chaussée. Autrefois, on pensait que les balzanes avaient un rôle nuisible ou au contraire bénéfique. En fonction de leur aspect, de leur quantité et de leur emplacement, le cheval était jugé méchant, dangereux ou maladroit.

UN NEZ POUDRÉ ?

Les taches blanches de formes et de tailles variées localisées sur le chanfrein sont appelées « listes ». Lorsqu'elles se trouvent sur le front, ce sont des marques « en tête ».

- Quand une tache blanche envahit son chanfrein, on dit que le cheval est « belle face ».
- Quand une tache blanche envahit son menton, ses naseaux, le bout de son nez et ses lèvres, il « boit dans son blanc ».

Boit dans son blanc.

Demi-belle face.

Quelques poils en tête.

En tête herminée.

En tête en losange.

Ton compagnon peut aussi avoir une belle robe isabelle, grise ou rouanne et une tête entièrement noire. Il est alors « cap de maure ».

- Enfin, si des parties de sa peau sont dépigmentées (ont perdu leur couleur) et dépourvues de poils, elles sont appelées « ladres ».
- Si un cheval de robe foncée présente des reflets fauves sur les flancs, les fesses et autour des yeux, on dit qu'il a des « marques de feu ».
- Si ces reflets se situent uniquement autour du nez, il a un « nez de renard ».

Fortement en tête, liste déviée.

Belle face.

En tête, liste interrompue.

Liste déviée à gauche.

Quelle allure !

ON AVANCE !

1

Les allures désignent les différentes façons par lesquelles un cheval se déplace. En équitation, on distingue trois sortes d'allures : les allures naturelles, les allures défectueuses et enfin les allures artificielles ou « airs d'école ». Lorsque les pieds du cheval restent en contact avec le sol (pas, amble, air bas...), on dit que les allures sont marchées. Lorsque les pieds décollent du sol pendant une période de suspension (trot, galop, air relevé...), les allures sont dites sautées. Le poser est le moment où un sabot touche le sol, le lever l'instant où il quitte le sol. Les jambes sont « au soutien » quand une ou plusieurs sont en l'air et « à l'appui » quand elles sont en contact avec le sol. Au cours de la « projection » (galop, trot), aucun des membres ne touche le sol.

Le pas. Le cheval pose chaque pied à tour de rôle, il n'a qu'un seul pied levé à la fois.

1

2

2

3

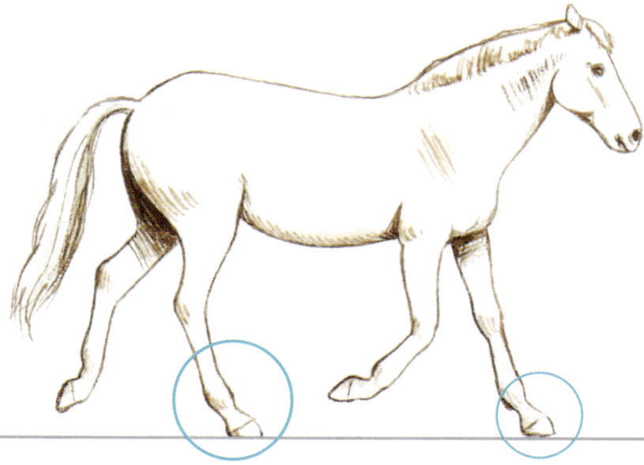

Le trot : décomposition. 1. Le diagonal antérieur droit-postérieur gauche est au sol. 2. Le cheval est en suspension, aucun sabot ne repose sur le sol. 3. Le diagonal antérieur gauche-postérieur droit est au sol.

UN NATUREL AVEC BEAUCOUP D'ALLURE

Les allures naturelles sont celles que le cheval prend dans les prés : pas, trot, galop, saut, reculer.

* Le pas est une allure lente (environ 6 km/h), symétrique, marchée, à quatre temps.
* Le trot est une allure moyenne (environ 15 km/h), sautée, symétrique, à deux temps.
* Le galop est une allure rapide (20 à 30 km/h), sautée, dissymétrique, à trois temps. Il varie considérablement en fonction de la vitesse et de l'équilibre du cheval. Le galop étendu et le galop ralenti sont à quatre temps. Le cheval peut galoper à droite ou à gauche.

Quand les allures sont énergiques et harmonieuses, on dit qu'elles sont brillantes ou belles. Quand leur vitesse ne varie pas et que les foulées sont égales, elles sont régulières.

Le galop : décomposition du galop à droite. 1. Le postérieur droit est au sol et l'antérieur droit est le plus en avant. 2. Le diagonal antérieur droit-postérieur gauche est au sol. 3. L'antérieur gauche est au sol. 4. Le cheval est en suspension, aucun sabot ne repose sur le sol. Lorsque le cheval **galope à gauche**, les appuis sont inversés : le premier est celui du postérieur gauche.

3

4

L'allure du traquenard.

L'amble.

QUELQUES DÉFAUTS ?

On nomme allures défectueuses des imperfections de mouvements provoquées par un mauvais dressage, par la fatigue ou par le surmenage. Elles sont inconfortables pour le cavalier et provoquent parfois des douleurs musculaires chez le cheval. Elles ne lui permettent pas de travailler correctement.

- Le traquenard est un trot décousu.
- Le saut de pie est un mouvement particulier de la croupe au moment du trot.
- Le pas relevé est un pas accéléré.
- L'aubin : le cheval galope de l'avant-main et trotte de l'arrière-main.
- Le galop désuni : le cheval galope à gauche des antérieurs et à droite des postérieurs ou inversement.
- L'amble : durant des siècles, on a entravé les jambes des chevaux pour les contraindre à adopter l'amble, ou « pas des dromadaires », c'est-à-dire à lever en même temps les deux jambes du même côté. Bien qu'elle soit classée dans les défectueuses, cette allure est confortable, c'est pourquoi elle était autrefois appréciée par les médecins qui faisaient de longues tournées à cheval dans les campagnes.

L'aubin.

Le galop désuni.

Le pas espagnol, un air de fantaisie.

DES PAS DE DANSE

Nommées « airs d'école » ou « airs relevés », les allures artificielles sont enseignées par l'écuyer au cheval au cours d'un patient travail de dressage. Les airs sont classés en deux catégories.

* La première regroupe les airs bas ou près de terre, comme le passage, le piaffer ou la pirouette. Dans le passage, l'animal semble rester suspendu entre chaque foulée.
* La seconde comprend les airs relevés ou sauts d'école, comme la pesade, la ballottade ou la cabriole. Dans la pesade, le cheval est plié sur ses hanches, avec son avant-main relevée et ses postérieurs repliés.

La plupart des allures artificielles ont été mises au point par des écuyers italiens. On les pratique encore à l'École nationale d'équitation du Cadre noir, à Saumur, ou à l'École royale de Vienne. Les « airs de fantaisie », tels que le galop arrière ou le pas espagnol, sont uniquement pratiqués dans les cirques. Le cheval Quixote, monté par Bartabas, est devenu célèbre pour son galop arrière dans le spectacle du théâtre équestre Zingaro.

Dans le piaffer, le cheval doit lever les pieds par bipèdes diagonaux, mais sans avancer.

À table !

QUE MANGE-T-IL ?

Le cheval se nourrit de fourrage, surtout du foin et de la paille. On distingue le foin des prairies naturelles (herbe des prés) du foin des prairies artificielles, désigné par le nom de la plante dont il est issu (sainfoin, luzerne, trèfle…).
L'avoine est indispensable à la bonne condition physique du cheval. Pour les chevaux nerveux ou présentant une fragilité intestinale, elle peut être remplacée par l'orge.
Les mashes sont des bouillies que l'on donne aux chevaux fatigués, échauffés par l'avoine ou atteints d'une inflammation chronique des intestins. Ils se composent de foin et de paille hachée, d'avoine, de son, de farine d'orge, de sel marin et de graine de lin.

En liberté, un cheval passe entre douze et seize heures par jour à manger.

Dans la nature, le troupeau se désaltère tranquillement pendant que l'un de ses membres fait le guet.

QUE BOIT-IL ?

Le cheval boit entre 20 et 40 litres d'eau par jour, parfois plus. Cette eau doit être claire, sans odeur et à température ambiante. L'abreuvoir doit toujours être en parfait état, notamment d'une propreté impeccable, afin que l'animal puisse se désaltérer à volonté.
Dans les troupeaux de chevaux sauvages, c'est la jument dominante, la matriarche, qui guide la harde jusqu'au point d'eau. Tout au long de sa vie, elle garde en mémoire les « adresses » des sources et, avant de mourir, elle prend le temps de les transmettre à sa remplaçante. Quand les chevaux traversent des zones désertiques, ils grattent le sol pour atteindre les eaux souterraines.

À CHACUN SA RATION QUOTIDIENNE !

LES INFOS DE SOPHIE

N'hésite surtout pas à récompenser ta monture de temps en temps : un morceau de sucre, du pain dur ou encore une carotte n'ont jamais fait de mal à un cheval !

La quantité de nourriture que le cheval consomme en vingt-quatre heures est variable. Elle est calculée selon sa taille, son espèce, et surtout selon le travail qu'il accomplit : 2,5 à 4,5 kg de foin, 2,5 à 6 kg de paille et 4,3 à 6,3 kg d'avoine. Les aliments, distribués régulièrement, doivent être variés pour ne pas fatiguer les organes digestifs, car les intestins des équidés sont fragiles. Pour les chevaux à l'appétit capricieux et les animaux en mauvais état, il faut multiplier les repas.
À l'extérieur, fais très attention aux plantes toxiques et ne laisse pas ton cheval manger n'importe où. Il ne doit pas non plus brouter dans les champs que les agriculteurs viennent de traiter avec des engrais chimiques.

Rien ne vaut un bon déjeuner entre amis !

Un grand joueur !

LES CHEVAUX ADORENT LES JEUX D'IMITATION

Dans la nature, les poulains aiment jouer. De la même façon que les petits humains, ils imitent les comportements des adultes (course, bagarre, fuite...) et apprennent ainsi les coutumes propres à leur espèce.
Cette éducation par le jeu au sein d'un groupe obéissant à des règles ancestrales existe chez de nombreuses familles d'animaux.

On peut dresser un cheval en jouant, mais il faut rester vigilant ; dans un pré, un cheval effrayé peut partir au galop sans prévenir.

Ce cavalier de CSO fait un tour d'honneur (sans son casque) pour le plus grand plaisir de son compagnon, car les chevaux, eux aussi, apprécient la gloire.

UN PEU CABOTIN ?

Tous les équitants qui participent à des compétitions savent que leur compagnon a conscience de l'enjeu d'une épreuve. Un bon poney de polo court après la balle qui fuit devant lui en devançant les indications de son cavalier. Un cheval d'obstacles peut, sur un ordre donné de la voix, rectifier une approche inefficace comme une mauvaise trajectoire.
De même, ils sont tous sensibles aux honneurs et se régalent des applaudissements d'une foule qui les acclame. Certains cabotins réagissent aussi à la diffusion de l'hymne national de leur pays d'origine !

Le cheval est très puissant. Quand il joue, il peut te faire mal sans le vouloir ; observe-le donc à distance.

LES INFOS DE SOPHIE

Les chevaux auront parfois envie de te taquiner du bout du nez, de chiper le morceau de sucre que tu as dans la poche... Beaucoup sont très joueurs. À toi d'entrer ou non dans leur jeu. Mais attention, reste toujours maître de la situation : un cheval ne doit jamais prendre le dessus.

ÉDUQUER EN JOUANT

Les éleveurs et les bons dresseurs commencent l'éducation du poulain par le jeu. Ils apprennent à l'animal à les suivre, à s'éloigner d'eux puis à revenir, à interpréter un sifflement ou un claquement de langue.

Dans certaines civilisations, chez les Arabes ou les Mongols par exemple, le poulain partage la vie de la famille. Il est élevé en liberté au milieu des enfants, avec lesquels il joue toute la journée. La première fois qu'il est monté, c'est souvent par les plus jeunes, qui le chevauchent « nu », c'est-à-dire sans selle et sans bride !

Il en était de même autrefois dans nos campagnes. Les paysans intégraient les laitrons (les poulains de trait) à leurs jeux et, dès l'âge de trois ans, les montaient à cru. Une fois adultes, ces chevaux de labour ne faisaient aucune difficulté lorsqu'on les attelait à une charrue ou aux brancards d'une charrette.

Le comportement...

Quand un jeune entier étranger s'approche du troupeau, l'étalon le charge pour lui faire peur. Si l'intrus ne s'éloigne pas, le combat est inévitable.

LA MATRIARCHE

Les chevaux détestent la solitude. À l'état sauvage, ils vivent en troupeaux qui regroupent un étalon, trois à six juments et des poulains de moins de deux ans. Comme pour tous les animaux qui vivent en groupe, on dit qu'ils sont grégaires. En général, c'est la plus vieille des juments, la matriarche, qui dirige le groupe et décide des déplacements. Personne ne lui dispute sa place. Elle doit sa position de chef à ses compétences et à son sens des responsabilités. Lorsqu'elle meurt, la mémoire du troupeau disparaît. Si la matriarche n'a pas formé sa remplaçante, le groupe ne sait plus où trouver points d'eau et pâturages. La harde est totalement désemparée, et il n'est pas rare qu'elle reste quelque temps sans chef.

Lorsque le troupeau se déplace, les juments entourent les poulains pour les protéger.

Les étalons sont jaloux et coléreux. Il est souvent difficile de les monter en présence de juments.

L'ÉTALON PROTECTEUR

L'étalon est chargé de protéger la communauté contre les prédateurs qui la menacent (loups, dingos, pumas...). Il doit également empêcher les juments de rejoindre une autre harde. S'il n'est pas à la hauteur de sa tâche, les femelles lui trouvent rapidement un remplaçant, car les prétendants ne manquent pas...
Parfois, l'étalon et l'une des juments du troupeau s'apprécient particulièrement. Ils broutent côte à côte dans le pré et manifestent leur tendresse réciproque par toutes sortes d'attentions. Cette affection entre un mâle et une femelle est assez fréquente.

... et le caractère

DES MARQUES D'AFFECTION

Les chevaux sont des animaux peu « bavards », et leur langage est complexe. Ils communiquent par toutes sortes de gestes, par des regards, des mouvements de queue. Ils expriment leurs sentiments et leur souffrance au moyen de leurs oreilles. Ils se transmettent des informations capitales d'un simple coup d'œil. À l'écurie, ils utilisent les mêmes codes de communication et nouent ainsi des relations avec les humains et d'autres espèces animales.

Les livres et les journaux racontent souvent des anecdotes étonnantes. On peut citer l'histoire de Dandolo, un gros cob normand qui, chaque après-midi, accueillait sur sa croupe un chat noir venu y faire sa sieste. Ou celle d'un pur-sang américain qui partageait son box avec un perroquet dont il ne supportait pas d'être séparé ; l'oiseau l'accompagnait sur les champs de courses et criait pour l'encourager. Quant à Vimy, un étalon français vendu à un haras irlandais, il fut tellement heureux le jour où il revit son ancien entraîneur qu'il l'empêcha de sortir de son box : il ne voulait plus le quitter !

Les chevaux peuvent se lier d'amitié avec des compagnons d'autres races. Les échanges passent souvent par le flair.

Le cheval qui veut se faire toiletter s'approche d'un autre et le frotte avec son nez.

L'amitié apaise les chevaux. Certains champions de concours voyagent avec leur compagnon d'écurie. Cette présence familière les rassure et leur permet de se concentrer sur les épreuves.

UN ESPRIT SOLIDAIRE

En liberté, les chevaux ont le sens de l'entraide. Ils travaillent en équipe. Certains montent la garde pendant que les autres broutent en toute sécurité. Ils se grattent et se toilettent mutuellement. En dehors des batailles que les étalons se livrent pour une jument, les conflits sont assez rares, les amitiés courantes et fortes. Deux chevaux qui s'aiment ne s'oublient jamais, même si la vie les sépare.

À l'écurie, il vaut mieux loger les « copains » dans des box mitoyens. Ils n'en seront que plus performants dans leur travail de tous les jours !

UNE EXCELLENTE MÉMOIRE

Comme les humains, les chevaux ont chacun leur caractère. Certains sont généreux, d'autres ambitieux, coléreux ou distraits. Prends le temps de les observer, et tu arriveras sans difficulté à dialoguer avec eux.

Leur intelligence, vive et inventive, n'est plus à démontrer. C'est à elle que tu dois t'adresser lorsque tu les montes. Dotés d'une mémoire phénoménale, les chevaux se souviennent de tout, et surtout d'un mauvais traitement... La plupart des animaux difficiles ont subi des traumatismes psychologiques au moment du débourrage, et il faut beaucoup de patience pour les réconcilier avec les humains.

L'éthologie

QU'EST-CE QUE L'ÉTHOLOGIE ?

C'est une science qui étudie le comportement des animaux dans leur milieu naturel. L'éthologie est apparue dès l'Antiquité : en 424 av. J.-C., Simon d'Athènes est le premier à évoquer un art équestre fondé sur l'observation du cheval et le respect de sa personnalité.
Quelques siècles plus tard, le poète latin Lucrèce (vers 98-55 av. J.-C.) exprime l'idée que les animaux, comme les humains, éprouvent des émotions : « Les troupeaux sans parole et les bêtes sauvages, par des cris différents, expriment la crainte, la douleur ou le plaisir qu'ils sentent. »

L'éthologie, c'est observer le comportement des chevaux dans la nature, libres de toute contrainte.

Spectacle donné par le Cadre noir de Saumur, l'École nationale d'équitation.

UNE BRIDE DE SOIE

Au fil des siècles, la pratique de l'art équestre a constamment été perfectionnée par les écuyers. Beaucoup sont d'ailleurs devenus célèbres. Ainsi Rousselet, l'écuyer en chef du Cadre noir, l'École nationale d'équitation de Saumur, qui monte les animaux rétifs sans selle, avec pour seule bride un cordon de soie. Un jour, en 1814, à propos d'un cheval qui embarque tous ses cavaliers, il dit à ses élèves : « Je vais monter Chasseur, le placer au bout de la piste, le lancer au galop et m'arrêter ici, sur cette ligne que je trace devant vous. » Et, sous les yeux émerveillés de ses disciples, il réussit son exploit.
Quelles que soient la civilisation ou l'époque, lorsqu'elle est réalisée par des « maîtres », l'éducation du cheval est toujours éthologique.

UN SUPER FILM : L'ETALON NOIR

Ce film de 1979 produit par Francis Ford Coppola raconte l'histoire d'Alec et de Black, un cheval indomptable. Alec est sauvé d'un naufrage grâce à un splendide étalon noir. Tous deux échouent sur une île déserte, mais Black est très sauvage. Avec une infinie patience, Alec, qui pratique l'éthologie sans le savoir, apprivoise peu à peu l'animal. Quand des marins débarquent sur l'île, Alec refuse de partir sans son ami. En Amérique, il poursuit son éducation et ce cheval rebelle devient un grand champion.

Les chuchoteurs

UNE MÉTHODE DOUCE

L'équitation éthologique des chuchoteurs s'inspire des méthodes de dressage douces employées par les Amérindiens. Elle a été créée pour lutter contre la violence des traitements infligés aux chevaux dans l'équitation western traditionnelle. Dans les années 1800, le terme chuchoteur (en anglais, *whisperer*) a été donné en tout premier lieu à Daniel Sullivan, un entraîneur irlandais qui savait amadouer des animaux indomptables en leur parlant à l'oreille.
Par la suite, dans le monde anglo-saxon, tout dresseur capable d'accomplir des miracles s'est vu attribuer ce titre.

Le respect, la tendresse et l'amour du cheval sont indispensables au dressage.

Monty Roberts a développé une méthode de dressage basée sur le dialogue avec l'animal.

MONTY ROBERTS

Monty Roberts a mis au point une méthode de débourrage basée sur le désir et la volonté du cheval appelée « join-up ». Le dresseur se tient au centre d'un rond de longe et imite le comportement d'un cheval dominant qui veut en soumettre un autre. Si le cheval accepte l'autorité du dresseur, il est invité à s'approcher et reçoit des caresses rassurantes. S'il refuse l'autorité, le dresseur le contraint à tourner en rond sans se soucier de sa fatigue. L'animal décide lui-même d'entrer ou non en contact avec l'homme et de suivre ses directives.
Avant de mettre au point cette méthode, Monty Roberts a observé des mustangs en liberté. Cet écrivain cascadeur voulait prouver à son père, un dresseur de chevaux violent et cruel, qu'on peut dialoguer avec les animaux et obtenir leur accord avant de les monter.

Le dresseur donne des indications au cheval. Ses consignes et ses gestes sont très précis.

PAT PARELLI

Pat Parelli a créé sept jeux permettant au cavalier d'établir une complicité avec son cheval : le jeu de la gentillesse, le jeu du porc-épic, le jeu du yo-yo, le jeu de la conduite, le jeu du déplacement latéral, le jeu du cercle et le jeu du passage étroit. Le cheval est libre de toute attache et son partenaire est à pied.
Le jeu de la gentillesse permet par exemple au cavalier de gagner la confiance du cheval. Après avoir pénétré dans sa « zone personnelle », il faut le caresser à l'aide du *carrot stick*, le « bâton carotte », qui a pour fonction de le tenir à distance. Ensuite, on abandonne le *carrot stick*, on se rapproche et on caresse progressivement toutes les parties de son corps. Parelli considère que le cheval est en confiance quand il ne se dérobe plus à la main de l'homme.

Pat Parelli parle au cheval : il cherche à obtenir la coopération de l'animal simplement à la voix.

DANS LA FAMILLE CHEVAL, JE VOUDRAIS...

On dénombre plus de 250 races de chevaux dans le monde : elles ont toutes été créées ou améliorées par l'homme en fonction de ses besoins. Le cheval de trait, massif et solide, a permis de développer les transports. Le cheval de selle, rapide et léger, a rendu possibles les conquêtes. Le poney enfin, rustique, infatigable et habile, a facilité le travail des paysans et des mineurs. Dans ce carnet, tu trouveras surtout des animaux destinés à l'équitation de loisirs (dressage, saut, voltige, attelage...). Ce sont de véritables athlètes.

En 1935, au marathon d'Achkhabad-Moscou, des cavaliers turkmènes montés sur des akhal-téké ont parcouru 4 300 kilomètres en huit jours.

L'akhal-téké

SCULPTÉ DANS LE CRISTAL

Avec sa peau fine, sa robe brillante parsemée de reflets métalliques, sa longue encolure et sa silhouette de gazelle, l'akhal-téké a une apparence féline. Parfois, certains d'entre eux ne présentent ni crinière ni toupet. Leurs sabots sont petits et hauts, et ont une corne très dure.

Les cavaliers turkmènes s'entraînent à la *djighitovka* (voltige en ligne) sur des akhal-téké.

UN ATHLÈTE EN ROBE DE SOIE

L'akhal-téké est un cheval très endurant, c'est pourquoi on l'utilise pour améliorer de nombreuses races, comme les pur-sang anglais, les orlovs ou les trackeners. Il est tenace dans l'effort, d'une grande longévité, mais peut se montrer têtu, capricieux et indiscipliné. Son galop, souple et coulant, est typique, alors que son trot, saccadé, est inconfortable.

On le prétend parfois inadapté au dressage et au saut d'obstacles, mais certains d'entre eux ont prouvé le contraire en s'illustrant dans des compétitions. Ainsi, en 1960, Absinthe est devenue célèbre en permettant à son cavalier, le sergent Filatov, de gagner une médaille d'or à l'épreuve de dressage aux jeux Olympiques de Rome.

L'élégance des akhal-téké a inspiré les artistes. Au musée du Cheval de Moscou, on peut admirer Sardar, considéré en 1982 comme le plus beau représentant de sa race.

CARACTÉRISTIQUES

Taille : de 1,55 m à 1,65 m au garrot.

Robe : alezane, baie, isabelle, quelques spécimens gris ou noir.

L'akhal-téké est considéré comme l'une des races les plus pures. On l'élevait déjà il y a 3 000 ans dans les oasis du désert du Turkménistan. Aujourd'hui, on le trouve aussi au Kazakhstan, en Ouzbékistan et au Kirghizistan.

Dans les pays arabes, les chevaux représentent le bien par excellence. On les appelle les « buveurs d'air ».

Le Pur-sang arabe

UN CHEVAL PRINCIER...

Tous les chefs d'État depuis les pharaons ont loué ses qualités. Marengo, le cheval favori de Napoléon, était un magnifique pur-sang arabe. L'empereur était médiocre cavalier, mais il avait une passion pour ces animaux. Il a décidé que le haras de Saint-Cloud serait consacré à leur élevage et que les plus beaux étalons seraient croisés avec d'autres races pour en améliorer les qualités.

Les Arabes apprécient particulièrement les robes blanches, qu'ils comparent à des drapeaux de soie.

... POUR CHEVAUCHER LE VENT

Durant des siècles, le pur-sang arabe a partagé la vie des nomades du désert. Il a développé à leur contact une intelligence fine et communique facilement avec l'homme. C'est une monture particulièrement brillante dans les compétitions d'endurance. La pureté de ses formes et sa grâce ont valu au pur-sang arabe les surnoms de gazelle ou de lévrier du désert.

Les allures des pur-sang arabes sont si parfaites qu'ils semblent ne jamais toucher terre. Une légende raconte qu'ils sont nés du zéphyr, un vent très doux. Appelés asils, ils sont classés en trois lignées principales dont les autres sont issues : les kouhaylans, chevaux de guerre ; les saqlaouis, réputés les plus beaux ; et les mouniqis, taillés pour la course.

Le mitbah, angle de la tête avec la gorge, est particulier. Les naseaux, le front, les yeux ourlés de noir, le profil concave permettent de reconnaître facilement le pur-sang arabe.

CARACTÉRISTIQUES

Taille : de 1,44 m à 1,52 m au garrot.

Robe : baie, alezane, ou grise.

Le pur-sang arabe a sans doute été introduit en France au VIIIe siècle, au moment de la bataille de Poitiers contre les Arabes.

Le duc de Newcastle (1592-1676) l'affirmait : « L'andalou est le cheval du monde le plus beau, le plus propre pour un roi en un jour de triomphe. »

L'andalou

DANSEUR ÉTOILE POUR CHAMPS DE BATAILLE

L'andalou est un mélange de chevaux espagnols, de barbes et de pur-sang arabes d'une très grande finesse. On dit qu'il est le cheval des rois et le roi des chevaux. Cet animal est un fougueux coursier. Il est élevé dans les environs de Séville, de Cordoue et de Jerez de la Fontera, des villes espagnoles dont le nom est associé à la gloire militaire et à la littérature. C'est en 1789 que le premier livre généalogique consacré à l'andalou a vu le jour en Espagne.

DES CRINS COMME DES VAGUES

Sa crinière et sa queue attachée bas sont fournies, longues et ondulées. Son encolure puissante est légèrement arrondie du garrot à la nuque ; on dit qu'elle est rouée. Sa couleur dominante est le gris, souvent accompagné de crins noirs et de sabots foncés. Autrefois, l'alezan était considéré comme la couleur des chevaux colériques et n'était guère apprécié des cavaliers.

La levade, un air relevé.

PIROUETTES ET COURBETTES

L'andalou est vraiment doué pour le dressage. Il joue dans des spectacles d'art équestre, notamment avec l'École royale andalouse, et s'impose aussi en compétition. Il est le partenaire favori des écuyers de cirque. Grâce à ses allures équilibrées, à son agilité et à sa beauté, il participe aussi à de nombreux films !

Écuries en Andalousie : un éleveur rentre trois juments aux box..

CARACTÉRISTIQUES

Taille : de 1,55 m à 1,60 m au garrot.

Robe : grise, couleur déclinée du plus clair

L'andalou est originaire du sud de l'Espagne. Au temps des rois, on l'appelait « genêt d'Espagne ». Il est aujourd'hui connu sous le nom de pure race espagnole (PRE).

L'anglo-arabe aime sauter. C'est un cheval généreux sur l'obstacle.

L'anglo-arabe

UN CHEVAL IMPÉRIAL

L'élevage organisé de l'anglo-arabe a débuté en France en 1836 dans les Haras de Pompadour, Pau et Tarbes. C'était une décision de Napoléon Ier, qui voulait équiper ses régiments de cavalerie de montures rapides et endurantes. À l'époque, les animaux élevés à Pau étaient fins et plus vifs que ceux de Pompadour. Deux étalons arabes sont à l'origine de la lignée, Massoud et Aslan Turk. Aujourd'hui destinés à la compétition, les anglo-arabes ont une morphologie plus légère que du temps de Napoléon.

IL NE SAUTE PAS, IL VOLE !

D'un tempérament docile, moins émotif et plus rustique que le pur-sang, l'anglo-arabe fait preuve de vigueur dans les allures, de générosité sur l'obstacle, de fougue dans le travail et d'un grand sang-froid en concours. Il a la tête fine, de grands yeux et une encolure longue. Toutes les couleurs existent, mais les robes baies et alezanes, souvent chaussées de balzanes et portant marques en tête, prédominent.

L'anglo-arabe est une monture douée dans de nombreuses disciplines : concours hippique, complet, dressage, cross-country, course de fond ainsi que chasse à courre.

CARACTÉRISTIQUES

Taille : de 1,65 m à 1,70 m au garrot.

Robe : souvent baie ou alezane.

L'anglo-arabe est en général issu du croisement entre une poulinière pur-sang et un étalon arabe. Il est produit essentiellement en France et en Angleterre.

Les anglo-arabes s'illustrent dans les courses réservées aux AQPS, (Autres Que Pur-Sang).

La monte à l'américaine, avec des étrivières très courtes, comme ici, a été introduite en France en 1897. George Stern, champion des jockeys en 1900 avec 91 victoires, a été l'un des premiers à l'adopter.

Le pur-sang anglais

UN EXCELLENT COUREUR

Le pur-sang anglais, qui peut atteindre 58 km/h au galop, est destiné uniquement aux courses de vitesse. Taillé comme un lévrier, c'est un cheval aux allures allongées servies par des mouvements très amples. Sa tête est très fine, son encolure longue, son garrot saillant, sa poitrine profonde et ses crins d'une grande finesse. Il est d'un naturel très susceptible. Certains vétérinaires le disent névrosé et mentalement délicat.

LA STAR DES GRANDS PRIX

Les meilleurs pur-sang anglais s'affrontent lors de courses très célèbres : le prix de l'Arc de Triomphe, le prix du Jockey Club (réservé aux mâles de trois ans), le prix de Diane (réservé aux femelles de trois ans), le Derby d'Epsom... Eclipse (1764–1789), un étalon britannique descendant du célèbre Godolphin Arabian et de Regulus, est resté invaincu toute sa carrière. Aucun concurrent n'étant capable de se mesurer à lui, il a été mis à la retraite en 1771 et utilisé comme un cheval reproducteur.

CARACTÉRISTIQUES

Taille : 1,60 m environ au garrot.

Robe : noire, baie, grise, alezane ou alezan brûlé.

La race pur-sang a vu le jour en Angleterre au XVIIIe siècle. Trois étalons arabes (Darley Arabian, Byerley Turk, Godolphin Arabian) et une trentaine de juments galloways (écossaises) et hobbys (irlandaises), la plupart porteuses de sang italien, espagnol, barbe ou arabe, sont à l'origine de cette lignée.

La carrière des chevaux de course est brève. Elle commence vers l'âge de deux ans et s'arrête au plus tard à six ans.

Les éleveurs rasent les crins abondants des juments lusitaniennes et ne leur laissent que le toupet.

Le lusitanien

DES COURBES HARMONIEUSES

Le lusitanien est un cheval à la tête fine et au regard expressif. Son encolure est rouée, c'est-à-dire arrondie du garrot à la nuque. Il a le rein court, assez large et légèrement convexe, les crins fournis. Ses allures sont souples et relevées. Ses mouvements sont vifs, prompts et courts : on dit qu'ils sont « trides ».

On reconnaît un cavalier lusitanien à ses besaces en peau de blaireau ou de renard, que l'on appelle des ceifoes.

IL PEUT AFFRONTER LE DANGER

Le lusitanien, ou lusitano, est un coursier agile, intelligent et courageux, particulièrement adapté à la haute école. Autrefois, il était la monture favorite de la cavalerie portugaise. De nos jours, ce cheval de selle est utilisé à diverses fonctions, notamment dans l'arène par les toréadors portugais. Capables d'effectuer tous les airs de manège, ces chevaux sont en général de grande valeur. Parfaitement équilibrés et vifs, ils évitent avec aisance le taureau.
Sorti tout droit d'un conte de fées, doté d'une prodigieuse capacité d'apprentissage, il est une des races préférées des cascadeurs et des dresseurs de cirque. Le plus célèbre des lusitaniens s'appelle Templado. Il se produit en spectacle dans le monde entier.

CARACTÉRISTIQUES

Taille : de 1,50 m à 1,63 m au garrot.

Robe : le gris est dominant, mais toutes les couleurs, sauf le pie, sont autorisées.

Le lusitanien est considéré comme le plus vieux cheval de selle du monde. Il descend du garrano, un cheval originaire du nord du Portugal que les éleveurs ont croisé avec des andalous et diverses races orientales.

L'étalon lusitanien a une musculature puissante et de très beaux crins.

La cavalerie de la Garde républicaine sur les Champs-Élysées, au retour de la répétition pour le défilé du 14 Juillet.

Le selle français

UN CHEVAL POUR LA GUERRE

Le selle français, originaire du demi-sang normand, a été mêlé à d'autres races afin d'améliorer ses qualités. Colbert, ministre de Louis XIV, favorisait ainsi les croisements avec des étalons barbes afin d'obtenir des animaux de guerre plus toniques. Vers 1830, l'administration des haras a entrepris d'améliorer la race grâce à un apport de sang anglais. En 1898, l'emploi du pur-sang s'est généralisé dans la reproduction du cheval de selle. La formule du « sang sous la masse » résume bien les projets des éleveurs : donner de l'énergie à des animaux massifs qui manquent de tonus.
La race est à présent considérée comme fixée puisque, le plus souvent, les accouplements ont lieu entre un étalon et une jument selles français.

CARACTÉRISTIQUES

Taille : de 1,55 m à 1,70 m au garrot, parfois plus.

Robe : toutes les couleurs sont autorisées, mais les plus courantes sont l'alezan et le bai.

Cette race de chevaux a été créée à partir de demi-sang normands. L'appellation demi-sang, jugée néfaste pour le commerce, a été remplacée en 1958 par la dénomination cheval de selle français.

UNE MONTURE CHARPENTÉE

Le selle français est une monture de haute taille, au pied sûr et à la musculature athlétique. D'un tempérament équilibré, il est réputé généreux. Confortable, il présente de bonnes aptitudes pour le saut d'obstacles, le concours complet, la vénerie, c'est-à-dire la chasse à courre, et l'équitation de loisirs.

LES INFOS DE SOPHIE

Toute mon enfance, j'ai rêvé de posséder mon cheval, mais je n'ai pu en avoir un qu'à l'âge de dix-huit ans. Il s'appelle Auteuil. À l'époque, il appartenait à un ami qui partageait ma passion de l'équitation. Ce superbe cheval à la robe bai foncé, moitié selle français, moitié pur-sang, me faisait craquer. Chaque fois que c'était possible, je le montais. L'été, nous partions nous balader et, malgré son caractère un peu spécial à l'extérieur, je l'aimais beaucoup. Je préférais même ne pas partir en vacances pour passer du temps avec lui. Un jour, son propriétaire m'a dit qu'il n'avait plus le temps de s'en occuper et que, en échange de mes soins, il me l'offrait. Imaginez ma joie ! C'est le plus beau cadeau qu'on pouvait me faire. Aujourd'hui, Auteuil vit une retraite heureuse, libre de galoper dans les prés. Il n'est monté que de temps en temps, car il a vingt ans, mais j'espère qu'un jour ma fille aura l'occasion de le monter elle aussi !

Le frison est un cheval doué pour le spectacle. Il joue dans de nombreux films.

Le frison

MONTURE DES CHEVALIERS, CHEVAL D'ATTELAGE

Ce destrier massif mais vif était la monture préférée des chevaliers en armure. Au cours des XVIe et XVIIe siècles, durant l'occupation de la Hollande par l'Espagne, certains individus ont été croisés avec des andalous, si bien que le frison est maintenant doté d'un caractère ardent.

Au XVIIIe siècle, ces animaux à sang froid étaient essentiellement employés comme chevaux de trait pour les lourdes charges. Au XIXe siècle, quand la vogue des courses de trot a atteint la Hollande, les éleveurs ont affiné la silhouette du frison. Ayant perdu ses qualités de trait lourd, boudé par les acheteurs étrangers, il était sur le point de disparaître.

En 1913, les haras de la Frise, aux Pays-Bas, n'avaient plus en leur possession que trois étalons. Une association d'éleveurs s'est alors constituée et a réussi à sauver la race.

UN MODÈLE POUR LES PEINTRES

Aujourd'hui, le frison est un cheval apte au trait léger comme à la monte. C'est un animal doux et sensible, dont les allures sont irréprochables. Sa robe est d'un noir profond, sa crinière et sa queue sont composées de crins ondulés et fournis. Ses épais fanons (touffes de poils) recouvrent l'intégralité de la couronne et une partie du sabot. Sa stature est si majestueuse qu'elle a inspiré de nombreux peintres flamands.

CARACTÉRISTIQUES

Taille : 1,55 m minimum au garrot.

Robe : noire.

Admiré par les Romains, le « cheval des Frises » aurait vu le jour il y a environ 3 000 ans. C'est la race la plus connue de chevaux hollandais.

Doté d'un caractère doux et coopératif, le frison est un excellent cheval de loisirs.

Cette femme fait du dressage sur un lipizzan en tenue d'amazone : elle monte avec les deux jambes sur le flanc droit du cheval.

Le lipizzan

UNE ROBE COULEUR DE NEIGE

Cheval réputé robuste, docile et frugal, le lipizzan présente une tête longue et lourde, une encolure arrondie et massive. La race a été créée à partir de juments slovènes croisées avec des étalons napolitains et arabes. Sa robe est blanche, mais on rencontre des lipizzans noirs et bruns en Hongrie et en Bohême. Ces derniers sont issus d'une lignée différente.

Les lipizzans savent exécuter tous les airs de haute école. Ce sont de merveilleux chevaux de dressage.

SOUS LES FEUX DE LA RAMPE, IL VALSE ET CAVALCADE

Depuis 1580, le lipizzan est élevé en Slovénie dans le haras de Lipica, fondé par l'empereur Charles de Habsbourg pour assurer la remonte du manège espagnol de Vienne.
La race a été en partie définie en 1735, et les lipizzans ont peu à peu remplacé les andalous en Autriche. Les croisements avec des pur-sang arabes ont permis de fixer génétiquement la robe blanche, qui est devenue prédominante au XIXe siècle.
À ses débuts, le lipizzan était un animal de parade et de guerre. Aujourd'hui, c'est essentiellement un cheval de spectacle qui se produit dans le monde entier : une star !

SAUVÉ DES BOMBARDEMENTS

Au cours de la Seconde Guerre mondiale, les bombardements et les combats sur le sol autrichien ont mis l'existence des lipizzans en péril. En mai 1945, le général Patton a donc pris la décision de les mettre en sécurité en zone américaine, à Schwarzenberg. Ce sauvetage allait inspirer aux studios Walt Disney un film intitulé *Le Miracle des étalons blancs (The Miracle of the White Stallions,* 1963*)*, qui a contribué à rendre l'École espagnole de Vienne très populaire dans le monde entier.

CARACTÉRISTIQUES

Taille : de 1,55 m à 1,65 m au garrot.

Robe : blanche.

Le lipizzan est originaire de Slovénie, un petit pays d'Europe centrale, et doit son nom au haras de Lipica ou Lipizza. Mais il est également élevé en Autriche, où il est devenu la monture privilégiée des cavaliers de l'École de Vienne.

L'orlov est un athlète complet, mais cette race tend à disparaître car elle n'est plus assez performante. L'étalon que l'on voit ici présente un défaut : il a beaucoup plus de crins que ne l'autorisent les critères de l'espèce.

L'orlov

UN ÉLEVEUR DE GÉNIE

Le comte Orlov (1737-1808), officier de la garde de la Grande Catherine, impératrice de Russie, était un éleveur de génie.
Avant de fonder la race qui allait porter son nom, il a étudié les méthodes d'élevage des haras d'Europe occidentale, du Proche- et du Moyen-Orient. Il a acheté ou récupéré des étalons et des juments de toutes origines, parmi lesquels l'étalon arabe Smetanka, considéré comme l'un des fondateurs de la race, qui lui a coûté une fortune. Par de savants mélanges consanguins, il a constamment amélioré les caractéristiques et les qualités des orlovs. Il testait leurs performances sur les champs de courses qu'il avait lui-même créés en Russie. Il est l'un des premiers, dans son pays, à avoir compris le rôle majeur des hippodromes sur le développement de l'élevage.
Après la révolution russe de 1917, l'exploitation des orlovs est passée à l'État. Depuis de nouveaux haras ont été ouverts, qui poursuivent l'œuvre du comte.

UNE ROBE ARGENTÉE

L'orlov appartient à l'une des races les plus célèbres au monde. Ces animaux distingués, blanc et gris, ont une grande puissance musculaire. De haute taille, ils sont à la fois rapides, endurants et énergiques. Leur élevage est aujourd'hui pratiqué dans le haras de Khrenovoïe, à 500 kilomètres de Moscou.

CARACTÉRISTIQUES

Taille : 1,70 m environ au garrot.

Robe : grise ou noire.

Le trotteur orlov est né voilà plus de 200 ans, du travail minutieux accompli par le comte russe Alexeï Grigorievitch Orlov.

L'orlov n'est pas aussi performant en course que les trotteurs français ou américains. Toutefois, chaque année, quelques champions viennent courir en France, sur l'hippodrome de Vincennes.

En 1991, un éleveur a offert treize juments appaloosas aux Nez-Percés de la réserve de Lapwai, dans l'Idaho, afin qu'ils puissent reconstituer leur troupeau.

L'appaloosa

LE LÉOPARD DE L'OUEST AMÉRICAIN

Ce cheval est apparu dans la vallée du Palouse, aux confins de l'Idaho, de l'Oregon et de l'État de Washington, d'où lui vient son nom. La race a été créée par les Indiens Nez-Percés, qui ont pratiqué un élevage sélectif pour produire des montures rustiques et solides. Ils ont privilégié des crins clairsemés et une queue courte, qui évitaient aux chevaux d'être freinés par les buissons lors de la chasse ou des combats.

En 1877, les Nez-Percés ont été condamnés à vivre dans une réserve de l'Idaho et les autorités de l'époque ont décidé de limiter l'élevage de chevaux. La race appaloosa a alors été sur le point de s'éteindre. Heureusement, des éleveurs passionnés de la ville de Moscow, dans le même Idaho, l'ont sauvée.
En Europe, l'appaloosa n'est pas une race officiellement reconnue, mais de nombreux éleveurs en font le commerce.

CARACTÉRISTIQUES

Taille : de 1,44 m à 1,54 m au garrot.

Robe : uniforme, blanche, alezane ou brune, parsemée de taches ou de mouchetures plus ou moins régulières : lorsqu'elles sont irrégulières, la robe est dite « léopard ».

Ce cheval américain est issu des montures que les conquistadors ont introduites en Amérique latine au XVIe siècle.

La fondation Chef Joseph et l'Association de l'appaloosa des Nez-Percés transmettent aux jeunes générations les méthodes ancestrales d'élevage et de dressage des Indiens.

Magnifiquement harnaché, le palomino est l'une des montures préférées des héros de westerns.

Le palomino

UNE ROBE, PAS UNE RACE !

En France, palomino est une couleur de robe appartenant à la famille des alezans. Les poils fauves se détachent sur une peau noire ou grise. Les crins sont d'un blanc argenté. La teinte de la robe, qui change au cours de la vie du cheval, finit souvent par devenir sombre. Les caractéristiques de l'animal ne sont pas clairement identifiables, car il provient du croisement de nombreuses races. On demande simplement qu'il ait l'aspect d'un cheval de selle robuste.

NON, UNE RACE, PAS UNE ROBE !

Aux États-Unis, le palomino est une race dont un stud-book* (livre généalogique) fixe les origines et les caractéristiques. Ce cheval, à sang chaud, doit avoir une tête semblable à celle d'un pur-sang anglais, d'un pur-sang arabe ou d'un quarter horse. Les crins, blancs et brillants, ne doivent pas comporter plus de 15 % de crins foncés ou noirs. La robe, uniforme, est dorée, de la couleur d'une pièce d'or neuve. Elle ne doit présenter aucune tache foncée. Seules les taches blanches sont autorisées, et uniquement sur les membres ou la tête.

CARACTÉRISTIQUES

Taille : de 1,43 m à 1,62 m au garrot.

Robe : alezane, fauve clair plus ou moins doré en France, couleur d'or aux États-Unis.

Le palomino est un cheval issu de croisements de plusieurs races : arabes, lusitaniens, barbes, quarter horses...

La robe des poulains palominos fonce avec le temps. La couleur des chevaux n'est considérée comme définitive que lorsqu'ils ont six ans.

Les troupeaux de mérens sont laissés en liberté pendant six mois dans les montagnes. On leur accroche des cloches autour du cou pour les retrouver plus facilement lorsqu'ils changent de vallée.

Le mérens

GALOPADE DANS LES MONTAGNES

Le mérens est un petit cheval vigoureux et musclé. Sa silhouette trapue le rapproche du poney sur le plan physique, mais sa taille lui vaut d'être aujourd'hui classé dans la catégorie des chevaux. Il a des oreilles poilues, une crinière et une queue fournies. Il est d'un noir profond, seule couleur de robe autorisée. Rustique, il supporte des froids intenses.
La corne de ses sabots est très dure et son pied est sûr, même sur les chemins les plus escarpés. Pour conserver la robustesse ancestrale de la race, on l'élève la première année en semi-liberté dans les montagnes de Luzenac, dans la vallée d'Aston et sur le plateau de Beille (Ariège).

UNE MONTURE POUR LES RANDONNEURS

Le mérens présente des similitudes morphologiques avec les chevaux magdaléniens représentés dans la grotte de Niaux, qui vivaient il y a 13 000 ans environ. Cependant rien ne prouve qu'il soit leur descendant.
Ce cheval s'est largement illustré au cours de l'Histoire. Ainsi, au Ier siècle av. J.-C., dans son livre *La Guerre des Gaules*, l'empereur romain César le décrit comme un animal docile mais peu rapide. Et, sous Napoléon Ier, il tractait les canons pendant la campagne de Russie (1812-1813).
Animal de bât à ses débuts, il est devenu un cheval polyvalent. Le mérens est apprécié en équitation d'extérieur et en randonnée, où sa franchise et la sûreté de son pied rassurent les cavaliers débutants. Il tire également des attelages.

CARACTÉRISTIQUES

Taille : de 1,25 m à 1,50 m au garrot.

Robe : noire.

Le mérens est originaire des montagnes de l'Ariège, dans les Pyrénées, et tient son nom d'une commune de la région.

Élevés en liberté à presque 2 000 m d'altitude, les poulains mérens sont endurants et adaptés à la randonnée en montagne. De vrais sportifs !

Parmi les 70 races de chevaux présentes en Russie, le don est le plus connu. Mais il ne reste plus que 200 poulinières pour perpétuer l'espèce.

Le Don

LA MONTURE DES COSAQUES

C'est dans la région du Don que des chevaux sauvages ont été domestiqués pour la première fois, il y a plus de 6 000 ans. Monture des Cosaques, le don est né du croisement de races indigènes d'origine mongole avec des turkmènes, des arabes, des perses, des karabakhs, des orlovs, des strelitz et même des pur-sang. Il descend des nagaïs, que les tribus du nord du Caucase élevaient au XIIIe siècle.
Les Cosaques sélectionnaient les étalons reproducteurs selon leur vitesse et de leur endurance au cours des campagnes militaires et des *djighitovka* (épreuves de voltige consistant à faire le tour du ventre d'un cheval au galop).
Très courageux, les dons ont joué un rôle capital dans les guerres napoléoniennes et durant la Seconde Guerre mondiale.

UN CHEVAL DES STEPPES

L'alezan doré est la couleur la plus répandue, mais on trouve aussi des bais et des gris. Élevés en semi-liberté dans des steppes où l'herbe est rare et l'hiver souvent très rude, les dons sont robustes et infatigables. Ce sont des animaux polyvalents. Ils peuvent être utilisés pour la selle ou le trait léger, et sont aussi d'excellents sauteurs.
Les chevaux du Don ont par ailleurs contribué à la création de la race boudienny.

CARACTÉRISTIQUES

Taille : de 1,50 m à 1,60 m au garrot.

Robe : alezan doré, parfois baie ou grise.

Officiellement, ces animaux sont apparus en 1770, date à laquelle un chef cosaque nommé Platov a créé le premier haras.

Cet étalon a une très belle robe alezan doré, typique du don.

En France, le fjord est élevé en Alsace, en Lorraine, dans les Pays de la Loire, en Poitou-Charentes et en Midi-Pyrénées. On trouve également des élevages en Amérique et en Australie.

Le fjord

LE CHEVAL DES VIKINGS

On l'appelle aussi fjordhest, fjording, cheval des fjords et cheval des Vikings. En France, il est classé dans la categorie des grands poneys. Dans d'autres pays d'Europe, il est considéré comme un petit cheval.
Les Vikings (IXe-Xe siècle) élevaient le fjord pour la guerre.

En Norvège, il est davantage employé par les agriculteurs dans les régions montagneuses inaccessibles aux tracteurs. Ailleurs, son endurance et son tempérament doux lui ont ouvert les portes des manèges. Il est très fort dans les compétitions d'attelage et d'endurance.

UNE CRINIÈRE EN BROSSE

C'est un poney vigoureux, qui ne ménage pas ses efforts. Ses ancêtres préhistoriques lui ont transmis une raie de mulet* et des zébrures sur les jambes. Ses crins blancs sont parcourus d'une raie noire. La crinière est coupée très court, en forme de croissant pour mettre en valeur les deux nuances et souligner l'arrondi de l'encolure. La robe la plus courante est l'isabelle. Le bout du nez est plus clair que le reste du pelage.

CARACTÉRISTIQUES

Taille : de 1,30 m à 1,43 m au garrot.

Robe : souvent isabelle, avec une crinière bicolore.

Le fjord est originaire de Norvège. En République tchèque et en Hongrie, il a été croisé avec des huçuls pour créer le fjordhuçul. Il a aussi servi à améliorer les qualités d'un grand nombre de races. Les Norvégiens exportent le fjord dans le monde entier.

Le fjord résiste parfaitement aux climats froids. Il ne craint pas de marcher dans la neige !

Joyeux, plein d'entrain, le shetland est un compagnon de jeu idéal. Celui-ci a été acheté par le roi du Maroc pour ses enfants.

LES INFOS DE SOPHIE

Depuis que ma fille a un shetland, je partage avec elle des moments rares. Nous attelons Loulou et nous partons en balade tous les trois. Elle adore tenir les rênes et lui donner des ordres, « au trot ! », « au galop ! », et Loulou se laisse faire... Il a compris qu'elle est très jeune (elle n'a que trois ans) et il adore se promener.

Les shetlands sont de véritables compagnons pour les débutants, mais attention à leur caractère. Lorsque tu leur donnes une récompense, attention, tu peux te faire pincer un doigt !

Le shetland

SAUVAGE ET DOMESTIQUE

Ce poney robuste, sobre et résistant peut subsister à l'état quasi sauvage et affronter de rudes conditions climatiques. De très petite taille, il est trapu et musclé. Sa tête est expressive, sa crinière et sa queue sont touffues. Ses poils épais, fournis en hiver, lui permettent de supporter des températures rigoureuses. Il n'est pas frileux ! À la fin du XIXe siècle a été créé le shetland américain, qui ressemble plus à un cheval miniature qu'à un poney. Il est issu du croisement de shetlands avec des hackneys, des pur-sang arabes et des pur-sang anglais.

L'AMI DES ENFANTS

Autrefois compagnon de misère des mineurs, ce poney descendait dans les galeries dès qu'il avait atteint l'âge de quatre ans. Il en ressortait vingt ans plus tard, après avoir parcouru 5000 kilomètres par an en tractant 3000 tonnes de minerais. Les paysans des îles Shetland l'utilisaient pour transporter des paniers remplis de tourbe sur des sentiers à peine tracés ou dans les marais. Aujourd'hui, la vie du shetland est plus douce. Il est le partenaire favori des enfants, la coqueluche des poney-clubs.

CARACTÉRISTIQUES

Taille : de 0,82 m à 1,07 m au garrot ; 1,12 m maximum pour le shetland américain.

Robe : les couleurs de robes sont très variées.

Il est originaire des îles Shetland, situées au nord de l'Écosse. Il descendrait d'un croisement entre poneys scandinaves et poneys celtes.

Comme la jument, la ponette est une mère attentive. Elle apprend les bonnes manières à son poulain.

Calme, sympathique et affectueux, le poney landais permet aux enfants de se familiariser en toute sécurité avec l'équitation.

Le landais

UN DESCENDANT DU CHEVAL DES STEPPES

Le poney landais est considéré comme l'un des descendants du tarpan, le cheval sauvage des steppes. Au cours de l'Histoire, il a été croisé avec des pur-sang arabes et des chevaux anglais. Jusqu'au XIXe siècle, deux populations coexistaient dans les Landes. Sur la côte atlantique, on rencontrait le lédon, ou poney des pins, aujourd'hui disparu. Dans les prairies de l'Adour, on trouvait le barthais, d'où descendent les landais actuels.

À la fin de la Seconde Guerre mondiale, la race était au bord de l'extinction. Il ne restait plus que 150 poneys sur le territoire français. Des éleveurs ont alors décidé de sauver la race en la croisant avec des welshs.

UN SPORTIF ACCOMPLI

Le landais est un poney très sympathique, facile à dresser. Avec les enfants, il est à la fois patient et docile. Il a la tête fine, les oreilles courtes et mobiles, les crins fournis. Malgré ses lourdes épaules, le landais a des allures agréables. Il est agile sur tous les terrains, et c'est aussi un bon sauteur !

Il fait partie des chevaux qui ont contribué à créer la race du poney de selle français. Il excelle dans toutes les disciplines sportives. Certains réalisent même des exploits : Kadence du Pouy a été vice-champion du monde de marathon en attelage en 2001, et Kaid du Patis champion de France de CSO* en 2006.

CARACTÉRISTIQUES

Taille : de 1,20 m à 1,35 m au garrot.

Robe : baie, noire, alezane ou chocolat, parfois grise.

Autrefois, le landais vivait en liberté dans la forêt des Landes. Aujourd'hui, on le trouve à l'état semi-sauvage aux environs de Pau, dans les Pyrénées-Atlantiques.

Comparés par certains cavaliers à des barbes miniatures, les poneys landais abordent les obstacles avec franchise et évoluent intelligemment sur un parcours.

Les connemaras sont de bons sauteurs. Ils peuvent franchir des obstacles hauts et larges.

Le connemara

UN GRAND PONEY...

Par sa taille, il est classé dans la catégorie des poneys. L'origine de la race est obscure. Le connemara descend probablement des hobbys, aujourd'hui disparus, que les éleveurs irlandais ont croisés avec des barbes et des pur-sang de petite taille.

La Connemara Pony Breeders' Society, fondée en 1923 pour encourager son élevage, a édité le stud-book* de la race trois ans plus tard. Les premiers connemaras sont arrivés en France en 1965, dans les régions de Normandie et de Poitou-Charentes.

Le connemara est le meilleur poney de compétition. En 1968, Stroller, monté par Marion Coakes Mould, a remporté une médaille d'argent aux jeux Olympiques de Mexico.

...DOUX AVEC LES ENFANTS

Le connemara est un animal joliment proportionné. Son encolure est longue et racée, son garrot bien marqué, son dos puissant. Il est utilisé en agriculture, pour le bât* et pour la selle. D'une docilité exemplaire, il est aimé des enfants. Il est en outre très performant en concours hippique, en concours complet et en dressage, et gagne des compétitions.

Les hunters possèdent souvent du sang de connemara.

Les connemaras éduqués en douceur, sont particulièrement patients avec les enfants.

CARACTÉRISTIQUES

Taille : de 1,32 m à 1,45 m au garrot.

Robe : isabelle à l'origine ; aujourd'hui noire, baie, brune, rouanne, alezane, palomino ou grise ; le pie n'est pas autorisé.

Le connemara tire son nom de la région d'Irlande dont il est originaire.

Le falabella est plutôt considéré comme un animal de compagnie. Il a l'air d'un gros chien que l'on peut promener en laisse, mais, comme tous les chevaux, il préfère gambader en liberté dans un pré.

Le falabella

ILS ONT RÉTRÉCI UN CHEVAL !

Ce cheval miniature a été créé au XIXe siècle par l'Argentin Cesar Falabella dans son hacienda proche de Buenos Aires. Pour lui donner le jour, ce dernier avait croisé des pur-sang anglais de petite taille avec des petits poneys shetlands.

L'animal pèse entre 10 et 20 kilos. Son encolure est longue et ses épaules bien faites, mais son arrière-main est faible. Ses crins sont fournis et sa robe soyeuse. Un falabella vit de quarante à quarante-cinq ans.

UN CHEVAL SANS CAVALIER

C'est un animal de compagnie docile et intelligent. Il ne peut en aucun cas être monté, même par de très jeunes enfants. Aux États-Unis, il vit parfois en appartement, mais il est malheureux. Il a besoin de 1 000 mètres carrés de terrain.

DES « CHEVAUX JOUETS »

Il existe d'autres espèces de chevaux miniatures : le toy horse, originaire d'Angleterre, et le Cheval miniature américain. L'Association française du cheval miniature recense tous les poulains nés en France. Elle veille à la conformité des critères physiques et à la qualité du caractère de chaque sujet.

CARACTÉRISTIQUES

Taille : 76 cm maximum au garrot.

Robe : souvent bai-brun ou noire, parfois alezane, pie ou spotted (type appaloosa).

Dans le monde entier, il existe seulement quelques milliers de ces chevaux venus d'Argentine. Ils sont vendus avec de nombreux certificats attestant leur origine et portent tous une même marque qui prouve leur authenticité.

Les falabellas sont de plus en plus montrés en spectacle. Des magiciens réalisent de nouveaux tours avec eux.

EN SELLE, LES FILLES !

Si tu préfères l'odeur du crottin à celle de la barbe à papa, si tu restes des heures à l'écurie, si tu rêves toutes les nuits de galopades dans la campagne, pas de doute, tu as le virus ! Tu penses cheval et il te reste à devenir cavalière... Les pages qui suivent vont t'aider à comprendre les bases de l'art équestre et te permettre de progresser plus vite. La première des règles à appliquer est celle du général l'Hotte, le plus célèbre écuyer de Saumur : « Calme, en avant, droit et léger. » Maintenant, tu as toutes les cartes en main. À toi de jouer !

Le centre équestre

BIENVENUE !

Au centre équestre, aussi nommé club hippique, les débutants apprennent les bases de l'équitation et les cavaliers plus expérimentés pratiquent l'art équestre. Les moniteurs enseignent les disciplines sportives classiques – dressage, saut d'obstacles – ainsi que la conduite du cheval en promenade. Les clubs sont tous différents, mais tu y trouveras toujours une écurie, une sellerie, un club-house, une carrière, un manège couvert et, parfois, un rond de longe ou un paddock.

LE CLUB-HOUSE, UN LIEU D'ACCUEIL

Le club-house abrite les bureaux. C'est là que tu prends ta licence de cavalier et que tu t'inscris pour passer tes Galops, les examens qui te permettent d'obtenir des diplômes. Tu t'y rends également avant chaque reprise afin que le moniteur t'indique le cheval que tu vas monter. C'est aussi un lieu où l'on aime se retrouver entre copains pour déjeuner, lire le tableau d'affichage, parler technique ou échanger ses impressions sur la reprise. Le moniteur y donne des cours d'hippologie et teste tes connaissances par écrit. Eh oui, même au club, il y a des interros !

Monter sans les rênes permet au cavalier de dégager ses épaules vers l'arrière et de trouver son équilibre.

LE ROND DE LONGE ET LE PADDOCK

Le rond de longe est un petit manège circulaire utilisé pour débourrer les chevaux, les faire travailler (leur muscler le dos, perfectionner leurs allures, leur apprendre à obéir à la voix...) ou mettre un cavalier débutant en selle. C'est là que tu prendras tes premières leçons. Le travail à la longe est très rassurant pour l'apprenti cavalier, qui n'a pas à conduire le cheval et peut se concentrer sur sa position.
Le paddock est un grand espace généralement garni de sable et entouré de barrières dans lequel les chevaux évoluent en liberté. Il sert aussi lors des concours hippiques, on y place un obstacle pour que les cavaliers puissent échauffer leurs montures avant l'épreuve.

LES INFOS DE SOPHIE

Le club-house est un véritable lieu de rencontre. C'est aussi là que l'on attend, avec une petite boule au ventre, de savoir quel cheval on va monter pendant la reprise.

Mon chouchou s'appelait Tamalou, et je faisais tout pour l'obtenir. Parfois, je venais avec une tablette de chocolat pour la monitrice et il était à moi pendant une heure !

Visite aux écuries

UN LIEU MAGIQUE

Entre sur la pointe des pieds : l'écurie est un lieu vraiment magique ! Tu respires l'odeur de la paille, du crottin et du cuir. Tu entends tous les bruits que font les chevaux : ils s'ébrouent, ils soufflent, ils raclent le sol de leurs sabots... Si tu as envie de distribuer des caresses et des mots doux, avance calmement car les chevaux n'aiment pas être surpris.

Les portes à doubles battants permettent aux chevaux de satisfaire leur curiosité naturelle.

LA STABULATION : TOUS ENSEMBLE !

Premier arrêt, la stabulation. C'est un enclos couvert où l'on rassemble sans les attacher plusieurs chevaux, et plus souvent des poneys de petite taille. Curieux et gourmands, ils vont au-devant du visiteur et réclament quelques gratouillis. Les chevaux aiment vivre en groupe et la stabulation les rassure, mais attention aux incompatibilités d'humeur ! Les animaux les plus faibles peuvent être privés de nourriture et parfois même maltraités par les autres.

Dans une stabulation, lorsque les chevaux s'entendent bien, ils se toilettent et se câlinent.

Les box sont séparés par des grilles pour permettre aux chevaux de communiquer. La mangeoire est placée à la bonne hauteur pour qu'ils puissent se nourrir sans creuser ni arrondir le dos.

STALLE ET BOX : À CHACUN SON ESPACE !

Dans une stalle, le cheval est attaché face à un mur sur lequel sont fixés son abreuvoir et sa mangeoire. Il est séparé de ses compagnons par une cloison. Afin qu'il ne se blesse pas, la longe qui le retient coulisse dans un anneau. Dans cet espace étroit, il n'est pas rare que les chevaux s'ennuient, car ils ne peuvent ni se coucher, ni observer ce qui se passe, ni communiquer avec le monde extérieur.

Le box est un logement idéal, une chambre de luxe très confortable. Le cheval y évolue en liberté et peut se coucher quand bon lui semble. Des grilles et des portes dont on ouvre les battants supérieurs lui laissent la possibilité de regarder au-dehors. Il peut ainsi s'intéresser aux activités qui l'entourent. Le calme du box apaise son caractère fougueux.

POUR CHOISIR UN CENTRE EQUESTRE

- Assure-toi que les écuries sont propres et saines.
- Renseigne-toi pour savoir si les chevaux sont calmes, en bonne santé, toilettés, bien nourris, et s'ils ne sont jamais maltraités.
- Avant de t'inscrire, assiste à une reprise : le moniteur ne doit pas hurler, mais expliquer calmement et respecter les chevaux.
- Préfère les clubs où les premiers cours sont individuels.
- Choisis un centre où tu peux panser et seller ton cheval. Plus tu passeras de temps à ses côtés, mieux tu le comprendras.

LA SELLERIE, GARDE-ROBE DU CHEVAL

Dans la sellerie sont entreposés la plupart des harnachements nécessaires aux activités sportives du club. Tu y trouveras aussi le matériel de pansage qui te permettra de décrasser ton cheval avant de le monter.
Les cuirs (bridons, selles, licols…) et les aciers (filets, mors…) doivent être astiqués après chaque usage, et soumis à un nettoyage en règle une fois par semaine. Pour les cuirs : on les démonte intégralement, on les savonne avec un produit spécial et on les graisse afin d'entretenir leur souplesse ; puis, en les remontant, on vérifie tous les systèmes d'attache. Pour les aciers : on les fait tremper et on les frotte avec une brosse ou une éponge à vaisselle grattante. Des cuirs et des aciers bien entretenus évitent des blessures au cheval.

Une selle nettoyée et graissée est plus confortable, pour le cavalier et pour le cheval.

Chaque cheval a des rênes personnelles. Elles sont suspendues dans la sellerie sous son nom. Après chaque reprise, tu dois nettoyer le mors avant de remettre le matériel en place.

Les stalles du Haras national tchèque de Kladruby, larges et luxueuses.

DES ÉCURIES PROPRES ET SAINES

Les écuries doivent favoriser le repos du cheval et respecter des règles d'hygiène exemplaires. Elles peuvent être aérées sans que les animaux risquent d'attraper froid.

Les angles des box, les verrous, la mangeoire, l'abreuvoir ne présentent aucune partie saillante risquant de blesser le cheval. Les palefreniers* nettoient régulièrement les râteliers et les mangeoires, balaient l'allée centrale et les abords des box, ramassent le crottin. Chaque matin, ils retirent des box, des stalles et des stabulations une partie de la litière souillée, en prenant soin de garder la partie inférieure de la paille, appelée « gâteau », qu'ils recouvrent de paille fraîche et abondante. Le gâteau absorbe les vapeurs d'urine, maintient la chaleur et rend le sol moins glissant.

LES INFOS DE SOPHIE

J'aime l'odeur particulière des écuries. J'y ai passé tant de bons moments, au cours des stages de vacances notamment !

C'est à ces occasions que j'ai appris à nettoyer les box, à m'occuper chaque jour de mon animal et à me sentir responsable de lui.

L'écurie est aussi l'endroit où on rêve de victoires, où on se confie à son cheval et où on échange des secrets avec les copains...

Un tour de manège

LE LIEU DE LA MONTE

Le manège est une grande salle rectangulaire et couverte de dimensions variables. Les normes olympiques pratiquées dans certains centres équestres sont de 20 mètres de large sur 60 mètres de long. Le sol, composé de sciure, de sable, de copeaux de bois ou de billes de caoutchouc, est souple. Il amortit les bruits et les chutes. C'est là que tu travailleras l'hiver lorsqu'il fait trop froid pour sortir les chevaux. L'endroit est silencieux, ce qui permet à chacun de se concentrer.

EN PISTE, LES FILLES !

On appelle piste le tracé qui longe le pourtour du manège. Lorsque tu suis la piste et que ta main droite se trouve du côté intérieur du manège, le moniteur dira que tu prends la piste à main droite. Si c'est ta main gauche qui est du côté intérieur du manège, il dira que tu prends la piste à main gauche.

À QUOI SERT LE PARE-BOTTES ?

Sur les parois du manège, à partir du sol et jusqu'à 1,20 m, est accroché un revêtement oblique, le pare-bottes ou garde-bottes, qui permet aux cavaliers de conserver une distance de sécurité par rapport aux murs. Parfois, un grand miroir mural permet de surveiller d'un rapide coup d'œil sa position en selle.

Après cette demi-volte, le cavalier reprendra la piste à main gauche.

Sophie s'applique à exécuter une figure de manège : la diagonale*.

QU'EST-CE QU'UNE REPRISE ?

Te voilà au travail ! Tes premières leçons se font dans des reprises « constituées », ce qui signifie que les cavaliers se déplacent les uns derrière les autres dans un ordre déterminé par le moniteur et en respectant des distances de sécurité à peu près identiques entre les chevaux.

Quand tu auras atteint un bon niveau, tu participeras à des reprises « à distances indéterminées », où les cavaliers laissent la plus grande distance possible entre eux.

Il existe aussi des reprises « libres », où chaque cavalier travaille de façon individuelle.

DEDANS OU DEHORS ?

Dans un manège, il y a deux pistes, une piste extérieure (côté pare-bottes) et une piste intérieure (côté centre du manège). Tu auras à travailler sur l'une ou l'autre de ces deux pistes, parfois sur les deux. Pour passer de la piste intérieure à la piste extérieure, ou vice versa, il faut prendre une ligne oblique. Ces pistes (extérieure et intérieure) sont prises à main* gauche, ou à main droite, suivant la direction que tu suis. Quand tu changes de direction, on dit que tu changes de main.

DES LIGNES IMAGINAIRES

Pour évoluer correctement dans le manège et exécuter les différentes figures demandées par le moniteur, on se sert des lettres de l'alphabet fixées aux murs.
Ainsi, lorsqu'un cercle commence en E, il se termine en E. Tu reviens alors à ton point de départ. En revanche, lorsqu'on commence un doubler en C, on le finit en A. Les lettres sont des points de repère qui permettent d'imaginer des lignes invisibles et indiquent les directions à suivre.

Les lettres servent de repères pour effectuer les figures de manège.

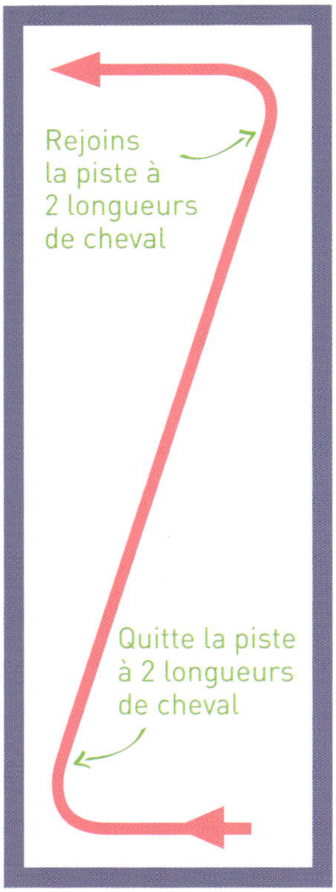

La diagonale.

Le doubler dans la largeur.

RECONNAÎTRE LES FIGURES DE MANÈGE

Pour apprendre comment on dirige un cheval, le moniteur enseigne un certain nombre de figures : la diagonale, le doubler, le cercle, la demi-volte, la demi-volte renversée, la volte, la serpentine. Ces figures peuvent être accomplies aux trois allures – pas, trot et galop – de façon individuelle ou en groupe.
La diagonale est la piste qui relie un coin du manège au coin opposé. Elle permet de procéder à un changement de main. Au galop, en fin de diagonale, le cavalier doit demander au cheval de changer de pied.
Le doubler apprend au cavalier à faire tourner son cheval. Celui-ci doit traverser le manège en ligne droite à partir d'une lettre, dans la largeur (doubler dans la largeur) ou dans la longueur (doubler dans la longueur). Un doubler peut être accompagné d'un changement de main.
En équitation, le cercle, qui mesure entre 10 et 20 mètres de diamètre, est notamment employé pour assouplir un cheval et pour le dresser. En effet, sur toutes les figures courbes, une

monture bien dressée doit s'arrondir, s'enrouler autour de la jambe du cavalier.

Une demi-volte est un demi-cercle qui s'achève par une ligne oblique. Cette figure ramène le cavalier sur la piste dans le sens opposé à celui qu'il suivait au préalable. Au galop, le cheval change de pied lorsqu'il est de nouveau droit et parallèle au mur du manège.

La demi-volte renversée commence par une ligne oblique et s'achève par un demi-cercle qui ramène le cavalier sur la piste et le place sur la main opposée à celle sur laquelle il travaillait jusqu'alors.

La volte est un cercle régulier de 6 mètres de diamètre minimum qui touche la piste en un point. Le cavalier part d'une lettre et revient à son point de départ.

Au cours d'une serpentine, le cavalier fait décrire à son cheval une courbe à main droite suivie d'une courbe à main gauche, et ainsi de suite, sur toute la longueur du manège. Une serpentine démarrée à main droite reprend la piste à main droite.

Au cours de ces figures, veille à maintenir ton cheval à une vitesse régulière. Il ne doit ni ralentir ni accélérer.

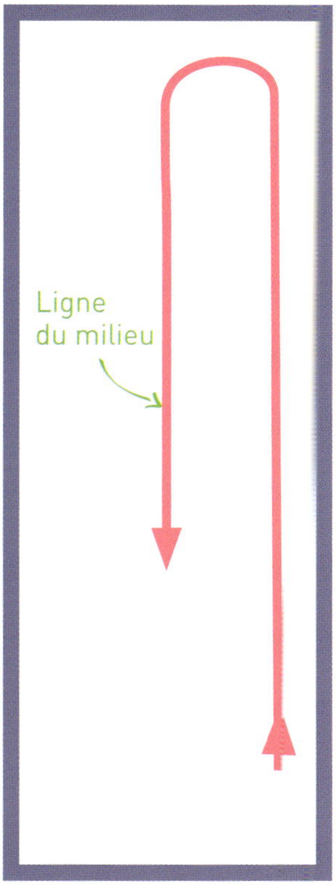

Le doubler dans la longueur.

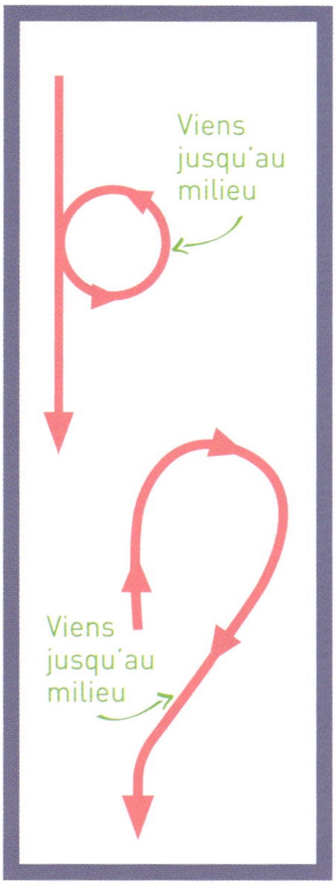

La volte.
La demi-volte.

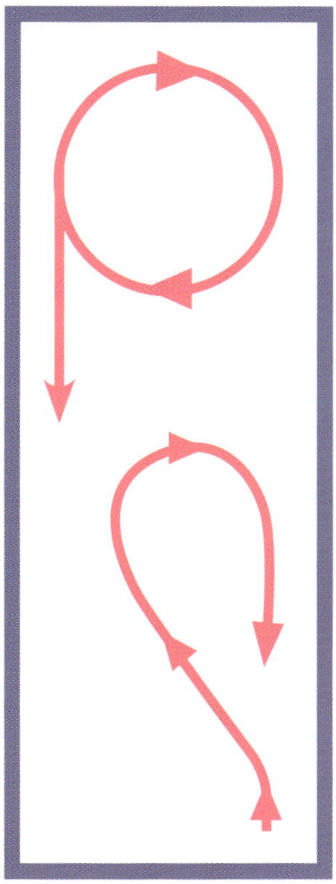

Le cercle.
La demi-volte renversée.

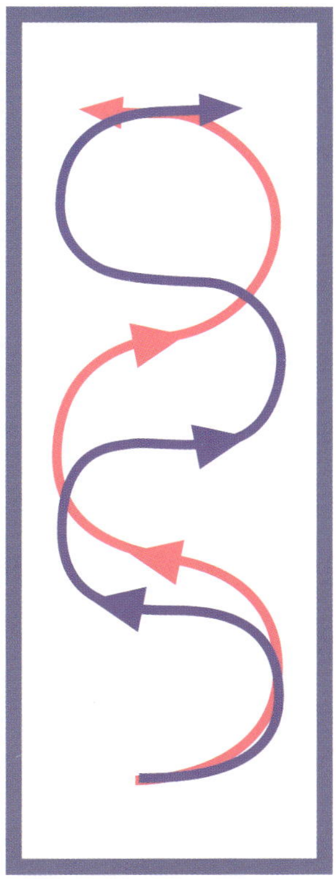

La serpentine.

La carrière

EN PLEIN AIR !

La carrière est un grand manège découvert clos par des palissades. Autrefois, ce lieu était utilisé pour l'entraînement des régiments de cavalerie et pour la présentation des carrousels*. Des terrains en pente douce, appelés calades, et des obstacles y étaient installés afin d'exercer les chevaux de guerre au combat.
Aujourd'hui, dans les centres équestres, la carrière est soit un terrain plat, clôturé, sur lequel est dressé un parcours d'obstacles (carrière d'obstacles), soit un rectangle sablonneux destiné aux reprises (carrière de dressage). Pour des raisons d'espace, les deux lieux cohabitent souvent sur un même terrain. Sur les petites carrières, les obstacles sont conçus pour être franchis dans les deux sens. Sur les plus grandes, on trouve des parcours présentant des difficultés de tous niveaux qui permettent de préparer les cavaliers aux compétitions (concours complet et concours de saut d'obstacles).

Enchaînement de sauts.

La carrière est le lieu idéal pour travailler le saut quand on y installe des obstacles mobiles (barres, croisillons...). Certaines carrières possèdent des obstacles naturels comme des buttes, des trous, une rivière...

Dès qu'il fait beau, Sophie se rend à la carrière pour travailler à l'extérieur.

LA CARRIÈRE DE DRESSAGE

Les compétitions de dressage se déroulent dans des carrières de 60 mètres sur 20, entourées d'une barrière blanche de 30 centimètres de haut appelée lice. Les cavaliers peuvent participer à plusieurs sortes d'épreuves : individuelles, par deux (pas de deux) ou en équipe (carrousel*). Les lettres sont inscrites sur des supports en bois garnis de pots de fleurs. La partie de la lice qui se trouve au niveau de la lettre A doit être amovible afin de permettre aux concurrents d'entrer et de sortir facilement. Au cours des épreuves, la lice est fermée pendant la reprise du concurrent.
La carrière de dressage est un lieu solennel. Veste sombre, chapeau haut de forme, chemise blanche, cravate et gants sont obligatoires.

La carrière de dressage est à la fois un lieu d'entraînement et un lieu de compétition.

Les règles de sécurité

BONJOUR, C'EST MOI !

Dans l'écurie, il ne faut jamais approcher un cheval par surprise. S'il sent quelqu'un près de sa croupe, il risque de ruer par peur d'être agressé. Chaque animal a son caractère et ses manies, qu'il vaut mieux apprendre à reconnaître. Il est également préférable d'éviter les gestes brusques et de se déplacer calmement, sans crier. Dans les clubs hippiques, les journées de travail sont longues et les chevaux ne sont pas toujours disposés à se laisser caresser : respecte toujours leur désir de repos et de solitude. La plupart des accidents sont dus à la négligence des cavaliers ou à leur méconnaissance du cheval.

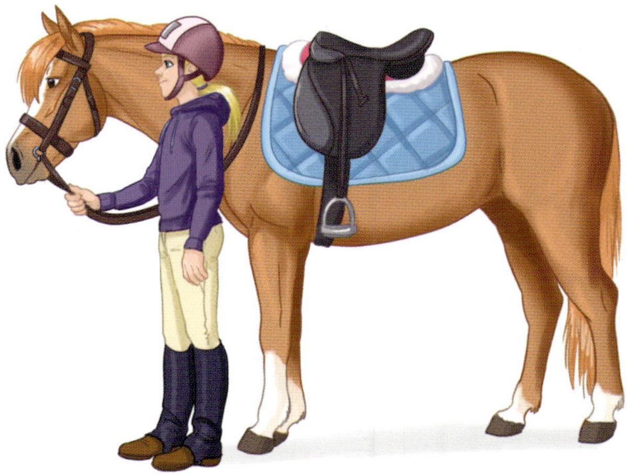

Passe toujours devant ton cheval pour sortir du box, sinon tu risques de te faire coincer contre la porte.

Ne monte jamais sans ta bombe !

Ne passe jamais derrière un cheval sans l'avoir prévenu. Le coup de pied peut fuser comme un éclair : tu n'aurais pas le temps de l'éviter.

CONNAIS-TU LE CODE DE BONNE CONDUITE ?

- Ne pas entrer dans un manège ou une carrière sans avoir demandé l'autorisation au moniteur. Cela pourrait semer une belle pagaille !
- Ne jamais laisser son cheval sans surveillance. En dehors de son box ou de sa stalle, il est sous la responsabilité du cavalier.
- Ne jamais monter sans bombe et se protéger les jambes avec des bottes.
- En promenade, toujours marcher à droite de la chaussée, respecter les priorités, les feux et les signalisations. Le Code de la route assimile le cheval à un véhicule.
- Se montrer courtois avec les piétons et les croiser au pas.
- Réfléchir à tous ses gestes et à toutes ses actions. Avec les chevaux, bonnes manières et douceur sont de mise !

Sophie porte toujours une bombe. Ici, elle l'a enlevée pour faire un câlin au cheval.

Décode son langage

UN ANIMAL ÉMOTIF

Le cheval est sensible et intelligent. Il apprécie la compagnie de l'homme, mais ne t'avise pas de le considérer comme une grosse peluche car, par peur ou pour se défendre, il est capable de mordre ou de donner un coup de pied. Toutefois, il n'attaque jamais par surprise : il exprime d'abord sa mauvaise humeur par son comportement. Quand on sait l'observer, on ne s'y trompe pas.

Tête portée haut, oreilles dressées, naseaux ouverts... Qu'a-t-il vu d'intéressant ?

ATTENTION AUX COUPS DE PIED !

Il met la queue entre les jambes, replie un de ses postérieurs... Méfie-toi, il est prêt à ruer. Le coup de pied d'un cheval fuse à la vitesse de l'éclair. Si tu te trouves sur sa trajectoire, tu ne pourras pas l'esquiver. Par précaution, évite de passer derrière lui. Si tu dois le faire, préviens-le de la voix tout en lui tenant la queue pour l'empêcher de la rabattre.

Attention, danger ! Quand tu brosses la croupe et la queue d'un cheval, reste sur le côté. Même l'animal le plus doux peut ruer si un événement imprévu l'effraie.

Naseaux pincés, oreilles couchées sur la nuque, il est très en colère. Reviens le voir un peu plus tard... Quand un animal ne veut pas être dérangé, il ne faut jamais insister.

LE LANGAGE DES OREILLES

Le cheval parle avec ses oreilles.

* Lorsqu'elles sont complètement couchées en arrière, qu'il pince les naseaux et jette sur toi un regard noir, c'est qu'il s'apprête à mordre. Prudence ! Ne t'approche pas. Laisse-le d'abord se calmer...
* Légèrement couchées, elles expriment son agacement. Un sucre ou un morceau de pain peuvent l'amadouer !
* Si l'une est fixe et que l'autre bouge, c'est qu'il ne comprend pas quelque chose.
* Mobiles ou dressées, elles indiquent qu'il est joyeux, confiant, attentif à ce que tu lui racontes, Tu peux le caresser en toute sécurité.
* Si tu es sur son dos et qu'il pointe les oreilles vers l'avant, c'est qu'il regarde le chemin avec inquiétude. Attention, l'écart n'est pas loin. Reste zen... Exerce une pression avec tes jambes pour le pousser vers l'avant. Ton assurance le sécurisera.

LES INFOS DE SOPHIE

Auteuil, mon cheval, se livre parfois à une « danse de l'ours » : c'est le signe qu'il s'ennuie. Un cheval qui en a assez d'être dans son box a des tics.

Voici quelques astuces pour le distraire. On peut le placer à côté d'un autre cheval, séparé par une grille. Une de mes amies a eu l'idée de mettre un lapin dans le box : ne pas l'écraser a beaucoup occupé son cheval ! Une balle au bout d'une ficelle peut l'amuser un moment. Mais l'idéal reste de le sortir le plus souvent possible.

Aborde ton cheval

BONJOUR CHEVAL !

Le cheval est un animal craintif. Il faut commencer par l'avertir de ta présence. Pour cela, parle-lui... Si ta voix lui est familière, il ne s'inquiétera pas. S'il ne t'a jamais vue, sa curiosité l'emportera (il est terriblement curieux !) et il s'intéressera à toi.

Sois calme, parle-lui d'une voix douce et donne-lui une friandise : il t'écoutera !

ENTRER DANS LE BOX

Que ton cheval soit logé en stalle, en stabulation ou en box, quand tu arrives à sa hauteur, appelle-le doucement. Le cheval a horreur du bruit. Si ses oreilles sont en avant, s'il tend les naseaux vers toi, le contact est noué. Tu peux avancer en confiance. Lorsque tu veux entrer dans son box, assure-toi qu'il est prêt à t'accueillir. Souviens-toi qu'il n'aime pas être dérangé lorsqu'il mange. Surtout, ne le brusque pas. On obtient tout ou presque d'une monture en faisant preuve de douceur, de calme et de patience. Sers-toi de ta voix et de tes mains pour le rassurer. Dirige-toi vers son épaule, de préférence sur sa gauche, du côté où l'on monte.

Avant de lui passer le licol, reste un moment à ses côtés dans le box à le câliner.

COMMENT PASSER LE LICOL ?

La licol est un harnais d'attache sans mors. Pour l'enfiler sur la tête du cheval, passe d'abord le bout de son nez dans la muserolle tout en posant la bride de dessus de tête sur sa nuque. L'encolure de l'animal repose alors sur ton épaule droite et ton bras droit entoure sa tête. Cette position apaise le cheval, elle lui signifie qu'il ne doit pas bouger. S'il oppose une résistance, ne le contrains pas. Recommence l'opération en lui parlant d'une voix ferme.

LES INFOS DE SOPHIE

N'as-tu jamais été obligé de courir après un cheval plus tenté par l'idée de brouter de l'herbe que par celle de travailler ?

Un conseil : viens avec un seau de granulés ou de friandises, une pomme, un morceau de pain... Tu n'auras plus à courir derrière lui, c'est lui qui viendra vers toi !

Quand tu as fini de lui mettre le licol, n'oublie pas de le remercier d'une caresse et d'un mot gentil.

LE SORTIR DU BOX

Passe devant ton cheval en tenant bien la longe. Prends garde à ne pas te laisser bousculer ni marcher sur le pied. Attache-le à un anneau. Le nœud doit se défaire d'une simple traction, mais termine-le par des bouclettes pour éviter que le cheval ne se détache en jouant avec la longe.

Un nœud d'attache terminé par des bouclettes.

LES INFOS DE SOPHIE

Le pansage est un soin que l'on prodigue à son cheval, mais c'est aussi un moment d'intimité avec lui. Dans certains centres équestres, les chevaux sont sellés quand on arrive. Dans d'autres, on insiste sur leur bien-être et on demande aux élèves de leur accorder du temps. J'ai toujours aimé faire connaissance avec mon cheval. Je venais deux heures avant de le monter pour le brosser et le masser. Je sentais qu'il aimait ça et qu'il me le rendait en reprise.

Le pansage

UN GRAND MOMENT DE COMPLICITÉ

Un cheval doit toujours être propre pour sortir en promenade ou travailler en reprise. Tu dois donc apprendre à effectuer un pansage complet. Ce nettoyage intégral doit être effectué chaque jour, de préférence au grand air. Il s'agit de masser l'animal, de nettoyer les pores de sa peau pour prévenir blessures et maladies. Un bon pansage dure au moins trente minutes. C'est un échange tendre et amusant entre le cheval et son cavalier.

Quand un cheval apprécie le pansage, il le montre : il peut souffler sur ton visage, pincer ton pull et même essayer d'attraper la brosse. Tu peux te prendre au jeu, mais ne te laisse jamais déborder !

LA TROUSSE DE PANSAGE

Dans la sellerie, tu trouveras toujours une trousse de pansage contenant le matériel nécessaire : un cure-pied, une étrille en métal ou en caoutchouc, une éponge, un bouchon en chiendent (ou brosse dure), une brosse douce, une époussette et un couteau de chaleur pour racler la transpiration ou l'eau lorsqu'on rince le cheval. Ces instruments doivent être propres et en parfait état. À l'extérieur, il y a en général un point d'eau pour doucher l'animal.

1. Cure-pied. 2. Étrille. 3. Éponge. 4. Couteau de chaleur. 5. Bouchon. 6. Brosse douce. 7. Époussette.

Fais descendre ta main le long du canon jusqu'au boulet, il comprendra ce que tu attends de lui et te laissera prendre son sabot.

DES PIEDS IMPECCABLES

Première étape : les pieds ! Vérifie qu'il n'a aucune blessure, puis, avec le cure-pied, retire toutes les saletés qui encombrent les lacunes latérales, la sole et la lacune médiane de la fourchette. Un cheval bien éduqué ne fait pas de difficulté pour donner ses sabots à nettoyer.
Par taquinerie, il joue parfois les fortes têtes et refuse de soulever son antérieur. Tu peux alors, en le poussant légèrement de l'épaule, l'obliger à prendre appui sur l'antérieur opposé. Il se sentira déséquilibré et consentira alors à te laisser faire. Quand tu as fini le soin, ne lâche pas brusquement la jambe de ton cheval et prends le temps de le caresser pour le remercier de sa patience.

La crinière et la queue doivent être démêlées et lissées. Il faut ôter tous les brins de paille.

Si ton cheval est chatouilleux, n'insiste pas sur les parties sensibles. S'il manifeste son agacement, attends qu'il retrouve son calme avant de reprendre le pansage.

DES POILS LUISANTS

Deuxième étape : les poils ! Le pansage débute du côté gauche, et un cheval se brosse de l'encolure vers la croupe.
Commence par passer l'étrille à rebrousse-poil sur les parties charnues. Attention, la tête, le bord inférieur de l'encolure, l'épine dorsale, la pointe des hanches, la face interne des cuisses, la partie inférieure des jambes et la base de la queue ne doivent pas être étrillées, car ce sont des parties sensibles. Lorsque tu as fini de passer l'étrille, tapote-la sur le sol pour en faire tomber toute la poussière. Prends ensuite le bouchon pour finir d'enlever le plus gros de la crasse. Tu peux le passer partout, à condition de ne pas frotter trop fort sur les endroits sensibles.
La brosse douce est utilisée une première fois à rebrousse-poil pour faire sortir la crasse et une seconde fois dans le sens du poil pour la récupérer. Pense à la gratter régulièrement contre l'étrille que tu tiens dans l'autre main afin de la débarrasser des souillures.
Ton cheval est presque propre. Il ne te reste plus qu'à lui démêler les crins. À l'eau claire et avec l'éponge, nettoie dans l'ordre le contour des yeux, les naseaux, la bouche et le haut de la queue. Puis lustre le poil avec l'époussette. À la manière des lads anglais, tu peux finir par un massage de l'encolure, des épaules et de l'arrière-main. Ce dernier soin active la circulation sanguine et prépare les muscles au travail.

Après l'effort...

... LE RÉCONFORT !

Au cours d'une reprise, d'une promenade ou d'un parcours de saut d'obstacles, ton cheval fournit des efforts physiques. Son rythme cardiaque augmente, ses muscles chauffent. Pas question de rentrer au trot ou au galop. Comme tout sportif, il a besoin d'une séance de décompression. Mets-le au pas, puis, rênes longues, fais-lui faire un ou deux tours de manège. N'oublie pas de le caresser pour le remercier, car les chevaux sont sensibles aux marques d'affection. Il va porter son encolure vers le bas, s'ébrouer, reprendre possession de son corps et de ses allures. Quand il est détendu, tu peux rentrer à l'écurie. À l'arrivée, passe la main sur le canon, le long des tendons et sur le boulet. Si tu sens quelque chose d'anormal, n'hésite pas à en parler au palefrenier !

S'ASSURER QUE TOUT VA BIEN

À l'écurie, il faut le débrider, le desseller et lui passer un licol. Ensuite, quelques gestes simples sont nécessaires pour vérifier que tout va bien. Cette surveillance permet à ton compagnon de rester en bonne santé.

* Soulève ses jambes et observe ses pieds.
* Retire les cailloux et la terre qui pourraient le gêner dans sa marche.
* Vérifie ses fers.
* Assure-toi qu'il n'est pas blessé.

Comme Sophie, rentre toujours à l'écurie au pas et dans le calme.

LES INFOS DE SOPHIE

Après une reprise ou une promenade un peu longue, on a tendance à vouloir faire vite, on a envie de s'occuper de soi, d'aller se désaltérer par exemple. N'oublie pas que le cheval passe avant. Il faut le nettoyer et veiller à ce qu'il ne manque de rien. Ensuite, on a tout le temps de penser à soi !

MASSAGE ET DOUCHE

Pour sécher et masser le cheval, on frotte les parties de son corps mouillées par la transpiration avec un bouchon de paille. Fais toujours très attention au dos et à l'endroit où passe la sangle. S'il y a une douche à disposition près de l'écurie, rince ses jambes avec un jet d'eau froide et sèche-les soigneusement. C'est bon pour les tendons et pour les muscles. Tu peux faire suivre cette séance de massage d'une promenade à pied qui finira de le délasser.
Par temps chaud, il est possible de doucher l'animal à l'eau froide. Il appréciera beaucoup cette toilette complète. Commence toujours par le côté gauche, celui où l'on monte, et passe le jet de l'encolure vers la croupe. Évite de passer le jet sur la tête, préfère l'éponge sur cette partie.
Quand le cheval est rincé, il faut retirer le surplus d'eau en raclant son pelage avec un couteau de chaleur. Fais-le sécher en le promenant au soleil avant de le rentrer dans son box.

Le harnachement

LES INFOS DE SOPHIE

Le matériel qui concerne le cheval est très complexe. C'est à force de pratiquer qu'on réussit à retenir tout ce vocabulaire. Aujourd'hui encore, il m'arrive d'oublier le nom d'un accessoire… La première fois qu'on doit démonter puis remonter le filet, on a l'impression qu'on n'y arrivera jamais. Il ne faut pas se décourager : les gestes qu'on effectue régulièrement finissent par devenir automatiques.

SELLE ET TAPIS DE SELLE

Le tapis de selle, indispensable, joue un double rôle. Il protège le dos et le garrot de ta monture des frottements de la selle, et il isole le cuir des sécrétions grasses et de la transpiration acide du cheval. Le plus souvent en coton piqué ou en peau de mouton, il peut être rectangulaire ou épouser la forme de la selle.
La selle est construite autour d'une armature appelée arçon*. Elle change de forme en fonction des disciplines : il existe des selles de dressage, de polo, de saut d'obstacles, de complet, d'amazone, de randonnée, de course, western...
Sur la bardette (une selle simplifiée conçue pour les enfants), sur la selle poney et sur les selles destinées aux handicapés, une poignée de maintien située à l'avant, au niveau de ce que l'on appelle le pommeau*, offre au cavalier la possibilité d'assurer son équilibre. En reprise, tu monteras en général sur une selle mixte en cuir ou en synthétique.

FILET, BRIDON ET BRIDE

On appelle « enrênement » l'ensemble filet, bridon et bride qui habille la tête du cheval.
* Le filet comprend deux montants, un frontal, une têtière, une sous-gorge et un mors, qui peut avoir plusieurs formes : mors simple, à olives, chantilly, verdun...
* Le bridon est un filet auquel on a ajouté une muserolle.
* La bride est un double bridon qui comprend un double montant, quatre rênes et deux mors.

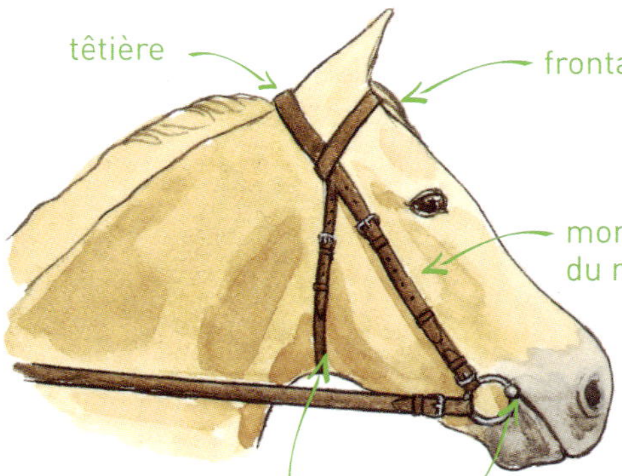

Le filet.

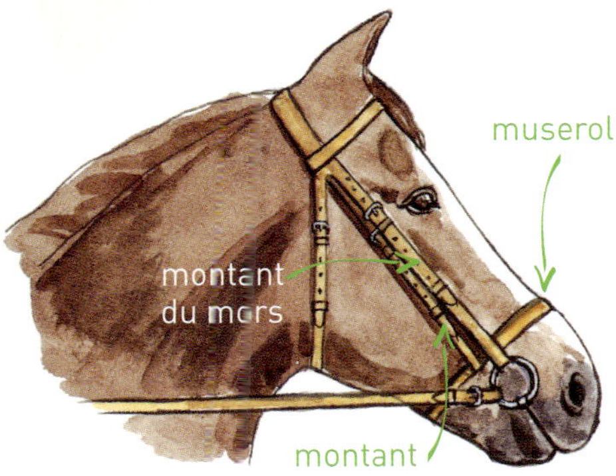

Le bridon.

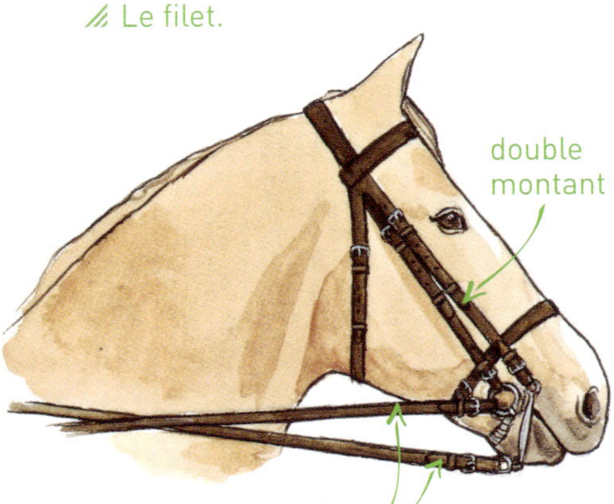

La bride.

PRÉPARER SON MATÉRIEL

Pour la première fois, te voilà seule face à ton cheval avec la mission de le brider et de le seller. Rassure-toi, c'est moins difficile qu'il n'y paraît. Procède méthodiquement. Prends le tapis de selle, la selle et le bridon dans la sellerie. Place le filet en équilibre sur ton épaule. Tu pourras ainsi porter la selle des deux mains sans te prendre les pieds dans les rênes.
Si ton cheval est en stalle ou si tu l'as sorti du box et attaché avec un licol, il est préférable de le seller avant de le brider. On selle et on bride toujours du côté gauche du cheval : c'est le côté où l'on monte, appelé « montoir* » ; le flanc droit est appelé « hors montoir ».

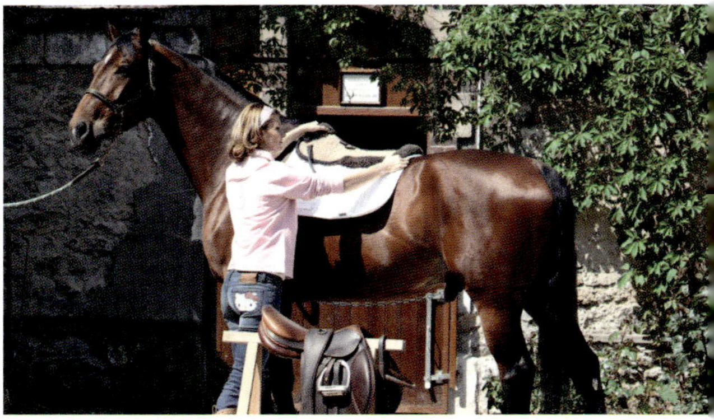

Après avoir attaché le cheval avec son licol, mets d'abord le tapis de selle, puis la selle.

Comme Sophie, ne serre pas la sangle trop fort et n'oublie pas de ressangler avant de monter.

COMMENT SELLER ?

Première étape, le tapis de selle ! Pose-le à l'endroit sur l'encolure, un peu au-dessus du garrot, et fais-le coulisser. Il doit se caler sur le dos et recouvrir le garrot. Fais de même pour la selle.
Attention : les étriers doivent être relevés et coincés avec les étrivières, le tapis ne doit pas faire de plis et la sangle doit être posée bien à plat. Accroche ensuite la sangle avec les sanglons et les contre-sanglons. Ton cheval va gonfler le ventre. Il ne faudra pas oublier de le ressangler avant de le monter, sinon ta selle risque de tourner.

Sophie appuie délicatement sur la barre afin de faire comprendre au cheval qu'il doit ouvrir la bouche.

COMMENT BRIDER ?

Avant de brider, ôte le licol et accroche-le autour du cou du cheval. Passe les rênes sur l'encolure. Pose les montants au niveau du chanfrein en les tenant de la main droite et, de la main gauche, présente-lui le mors. Glisse ton pouce à l'intérieur de sa bouche au coin des lèvres et appuie sur la barre pour lui faire desserrer les mâchoires. Fais passer le toupet au-dessus du frontal, puis boucle la muserolle et la sous-gorge. Attention ! Plus un cheval est jeune, plus il faut le brider avec calme et tendresse.

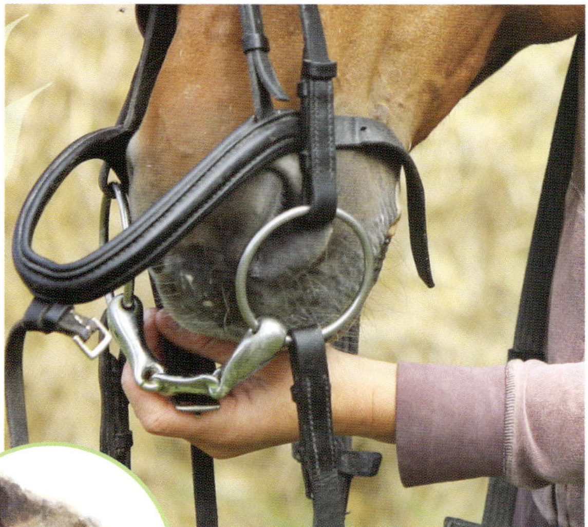

1. Présente le mors bien à plat.
Le cheval ne te mordra pas.
2. Appuie délicatement sur la barre pour lui expliquer qu'il doit ouvrir la bouche.
3. Ménage ses oreilles, elles sont fragiles.

Veille sur ton cheval

SOIS ATTENTIVE À SON BIEN-ÊTRE

« Qui veut voyager loin ménage sa monture », dit un proverbe. De l'Antiquité à nos jours, le cheval a toujours été considéré par les cavaliers comme un bien précieux dont il faut prendre le plus grand soin. Il est important de se soucier de son bien-être, surtout lorsque tu le harnaches. Sa santé en dépend. Une règle d'or : demande-lui peu à la fois et récompense-le beaucoup !

DES GESTES DOUX

Il faut de la douceur pour brider un cheval. Ménage les oreilles des chatouilleux en passant la têtière. Si le cheval lève la tête au moment où tu veux l'enfiler, pose ta main gauche bien à plat sur son nez, il se remettra dans une position normale. La sous-gorge ne doit pas le serrer. Si tu ne montes pas tout de suite, mets le licol par-dessus le bridon ou reste à côté de lui pour le tenir. Enfin, tu peux coincer les rênes dans les étriers pour éviter qu'elles ne glissent.
Si ton cheval se prend les pieds dans les rênes, il risque de se blesser, notamment au niveau du tendon. Ces blessures, qu'on appelle des atteintes, sont douloureuses et cicatrisent très lentement.

En bridant le cheval, parle-lui pour instaurer un climat de confiance entre vous.

Tu dois pouvoir passer l'épaisseur d'un doigt sous la muserolle et le montant.

Le cheval aime les longues séances de câlins.

PRENDS BIEN SOIN DE SON DOS

Le tapis de selle coit être nettoyé régulièrement pour éviter les irritations et les blessures. Lisse bien le poil avant de le mettre en place. Pour protéger le garrot, on place parfois un morceau de feutre ou de peau de mouton, appelé pad, au niveau du pommeau* de la selle. Redouble de précautions avec les chevaux dont le dos est maigre ou peu musclé, car ils sont plus fragiles.

ATTENTION AUX BLESSURES !

La sangle peut blesser les jambes du cheval si tu la fais glisser brutalement. Il est préférable de rejoindre le côté droit en passant sous l'encolure pour la positionner en douceur. Vérifie en même temps que les quartiers de la selle ne font pas de plis. Lorsque tu desselles, refais la même chose pour remonter la sangle et l'étrier droit.

Toutes les parties de la selle doivent être à plat.

Belle en selle

UNE GRANDE LIBERTÉ DE MOUVEMENTS

Monter à cheval, ce n'est pas participer à un défilé de mode. Privilégie les vêtements confortables, solides et chauds. Ne porte jamais d'écharpe trop longue ou pendante en promenade, elle pourrait s'accrocher à une branche et t'étrangler. La bombe protège la tête du cavalier. Tu ne dois jamais monter sans la porter.

BOTTES, BOTTINES ET CHAPS

En cuir ou en caoutchouc, les bottes représentent la carapace des jambes du cavalier. Elles protègent des morsures éventuelles et des coups. Les bottes sont les chaussures idéales. Elles doivent serrer les mollets sans les comprimer et pouvoir être portées avec des chaussettes épaisses.
En équitation western, on utilise des chaps, sortes de jambières de cuir qui recouvrent le pantalon. Aujourd'hui, on trouve des mini-chaps (appelées houseaux) qui peuvent se porter sur des bottines et remplacer les bottes. Le talon des bottes et des bottines empêche le pied de glisser à l'intérieur de l'étrier et d'y rester coincé. Ne monte jamais en baskets !

L'ÉVOLUTION DU PANTALON

Autrefois, le pantalon d'équitation était large au niveau des cuisses et serré du genou à la cheville. Portant le nom de jodhpurs, il avait été ramené des Indes par des officiers britanniques. Aujourd'hui, le pantalon souple et élastique du cavalier a conservé son nom ; mais désormais il épouse parfaitement la forme des jambes. Afin d'éviter les irritations de la peau ou les blessures dues au frottement, il ne doit pas faire de plis sur les cuisses ou au niveau des genoux.

Les bottes sont une excellente protection contre les coups de sabot.

LES INFOS DE SOPHIE

Heureusement, la mode équestre a beaucoup changé. D'ailleurs, le style équitation inspire de plus en plus les grands couturiers. Préfère des matières qui s'adaptent aux saisons : de bons cotons et des pantalons dans lesquels tu seras à l'aise. Quand j'étais enfant, hormis le noir, le beige et le marron, je n'avais guère le choix. Aujourd'hui, tu peux jouer avec les couleurs et accorder ton pantalon à ta paire de chaussettes et même aux bandages de ton cheval ! Enfin, porte des sous-vêtements sans coutures afin qu'ils ne t'irritent pas à cause du frottement.

Direction le manège

CONNAIS-TU LES CONSIGNES ?

Avant de monter en selle, tu vas mener ta monture jusqu'au manège. Les chevaux de club ne sont guère turbulents, ils connaissent le chemin et n'opposent en général aucune résistance. Il est néanmoins important de prendre rapidement de bonnes habitudes car, si ta passion pour l'équitation persiste, tu monteras un jour des chevaux ayant du tempérament. Et ces polissons s'amusent aux dépens des cavaliers qui ne connaissent pas les règles du jeu !

Tiens les rênes ensemble, en laissant ton index entre les deux.

FAIRE AVANCER SON CHEVAL

Avance en regardant droit devant toi, ton cheval va te suivre. Marche tranquillement, à son pas, au niveau de son épaule, en prenant soin de ne pas secouer les rênes. Évite de le regarder, car tu l'inciterais à s'arrêter. Et surtout ne le laisse pas brouter de l'herbe : s'il est gourmand, tu aurais du mal à repartir !

COMMENT SE PLACER ?

Le grand moment est arrivé. Assure-toi que les étriers sont relevés. Il ne faut pas qu'ils cognent sur les flancs du cheval. Ôte le licol et place-toi à gauche, côté montoir*, au niveau de l'épaule de ta monture.

Il y a deux manières de tenir les rênes. Le plus souvent, elles sont sur l'encolure. Prends-les alors dans ta main droite, à environ 15 centimètres de la bouche, sans oublier de placer ton index entre la rêne gauche et la rêne droite. Tu peux aussi avoir à les tenir dans les deux mains. Dans ce cas, ta main droite ne change pas de position et ta main gauche tient l'extrémité flottante des rênes.

Tiens-toi toujours à la gauche du cheval, côté montoir.*

En selle !

TROUVER SA PLACE DANS LE MANÈGE

À l'arrivée dans le manège, les cavaliers participant à la reprise doivent se placer les uns à côté des autres de façon à former autant que possible une ligne droite. Lorsque tu as trouvé ta place, passe tes rênes sur l'encolure si elles n'y sont pas déjà, vérifie que la sangle n'a pas besoin d'être resserrée et descends les étriers. Reviens ensuite près de l'épaule de ta monture et attends les consignes.

HOP ! EN SELLE !

C'est le moniteur qui donne le signal. On monte à gauche, côté montoir*. Reste au niveau de l'épaule du cheval mais, cette fois, regarde vers sa croupe. Prends les deux rênes dans la main gauche et saisis la crinière. Si ton cheval avance, raccourcis légèrement la rêne droite (elle doit être tendue, sans excès). Saisis l'étrier par la branche droite et engage ton pied sur la semelle. Accroche-toi au pommeau* ou à l'arrière de la selle (le troussequin*) et... oh, hisse ! Pousse avec ton pied droit pour te donner de l'élan et passe ta jambe au-dessus de la croupe. Te voilà en selle !

Si tu es trop petite, un adulte t'aidera à te mettre en selle.

Tiens tes rênes, saisis une poignée de crins et enfile ton pied à fond dans l'étrier.

Saisis le pommeau* ou le troussequin* de la selle pour t'aider à monter.

Comme Sophie, veille à ce que tes talons soient vers le bas et ta jambe en contact avec les flancs de ta monture.

Passe ta jambe au-dessus de la croupe en faisant bien attention de ne pas la toucher.

AJUSTER LES RÊNES ET LES ÉTRIERS

Vérifie que tes étriers sont à la bonne hauteur : la grille doit arriver au niveau de la cheville. Sinon, règle-les. Quand tu les chausses, ton pied doit s'enfoncer jusqu'à mi-semelle et tes talons doivent être descendus : ton moniteur dira « talons bas ». La pointe de tes pieds doit être droite. Tournée vers l'extérieur, elle rend la jambe inefficace. Ajuste les rênes à égale longueur en maintenant un contact doux avec la bouche de ton cheval. Tes pouces regardent vers le haut, tes doigts et tes poignets se font face. Tes coudes tombent naturellement le long de ton buste. Le flot des rênes repose sur l'un des côtés de l'encolure.

La bonne position

EN HARMONIE AVEC LE CHEVAL

La position est la manière dont le cavalier ajuste son corps sur le dos du cheval. Si ta position est bonne, tu seras en contact permanent avec le corps de ton compagnon. En utilisant les aides, tu lui communiqueras tes désirs (tourner à droite, s'arrêter, partir au galop...). Tu sentiras quand il est juste, c'est-à-dire quand il exécute correctement les mouvements ou les figures que tu lui demandes. Tu comprendras chaque vibration de ses muscles. Au terme d'un long entraînement, vous finirez par ne plus former qu'un seul être : un centaure – cet animal mythologique au corps de cheval et au buste d'homme –, affirment les écuyers ! Si ta position est mauvaise, tu tiendras comme tu pourras sur le dos de ta monture mais tu ne deviendras jamais une cavalière !

DES ASSOUPLISSEMENTS POUR MIEUX SE TENIR

Pour améliorer ta position et perfectionner ton assiette, tu peux faire des assouplissements. Cette gymnastique aide à corriger les mauvaises habitudes, elle développe la souplesse, la fixité et l'aisance à cheval. Veille à bien étirer les muscles arrière et internes des cuisses.

LES INFOS DE SOPHIE

Michel Robert, l'un de nos meilleurs cavaliers, est le premier à l'affirmer : à bientôt 60 ans, il ne s'est jamais senti aussi en forme que depuis qu'il pratique le yoga avant de monter à cheval. Il n'a jamais été aussi souple, et ses résultats sont bien meilleurs. Alors, fais comme lui, consacre quelques minutes à des étirements avant et après chaque leçon !

Fais des moulinets avec les bras pour te décontracter les épaules et des flexions de la nuque pour t'assouplir le cou.

PRENDS DE BONNES HABITUDES !

Pour savoir si tu es correctement assise sur ton cheval, prends en compte ces éléments.

* Décontracte-toi : tes muscles ne doivent pas être mous, ils doivent être relâchés afin de suivre les mouvements de ta monture.
* Garde le dos droit, avec les épaules légèrement effacées et les bras à demi pliés.
* Place tes mains dans le prolongement de tes avant-bras, écartées de 25 centimètres environ.
* Colle tes genoux à la selle et laisse tes mollets en contact avec les flancs du cheval.
* Descends tes talons, ils doivent être plus bas que la pointe des pieds dans les étriers.

Regarde bien : c'est la bonne position !

Mauvaise position : dos voûté, étriers mal chaussés, jambes contractées, ce cavalier ne peut pas tenir en selle.

Mauvaise position : jambes et épaules contractées, talons trop hauts, au trot, cette cavalière risque de glisser de sa selle.

L'assiette et les aides

QU'EST-CE QUE L'ASSIETTE ?

L'assiette est une aide naturelle qui te permet de rester maître de ton équilibre en toutes circonstances et de diriger ton cheval.
Bien assis sur tes ischions, l'endroit où les os du bassin s'emboîtent dans ceux de la cuisse, fais porter tout le poids de ton corps sur la selle. Accompagne les mouvements du cheval avec tes reins et tes hanches. Regarde loin devant toi, au-dessus de ses oreilles, et reste souple.

Le cavalier répartit le poids de son corps sur ses ischions. En déplaçant légèrement son poids sur l'un ou sur l'autre, il transmet des indications au cheval.

LES AIDES NATURELLES

Ce sont les mains (appelées aides supérieures) et les jambes (appelées aides inférieures), ainsi que l'assiette et la voix. Les aides naturelles permettent au cavalier de communiquer avec son cheval.
Les mains agissent sur sa bouche par l'intermédiaire des rênes et du mors. Les jambes, du haut des cuisses aux talons, agissent sur ses flancs. L'assiette est l'aide maîtresse, car elle coordonne l'action des mains et des jambes. On peut d'ailleurs diriger et arrêter un cheval uniquement avec son assiette, sans utiliser ses mains ni ses jambes.

Quand le cavalier chausse ses étriers, ses talons sont bas mais sa position ne change pas. Il reste assis sur ses ischions.

LES AIDES ARTIFICIELLES

Ce sont la gaule, la cravache et les éperons. La gaule est un long bâton qui mesure 1,10 m, utilisé pour le dressage. La cravache et les éperons permettent de réveiller les chevaux poussifs. Ils doivent être employés le moins possible et uniquement par des cavaliers confirmés.
Ne frappe jamais un cheval avec une cravache. Il faut l'éduquer sans violence, avec douceur, fermeté et patience.

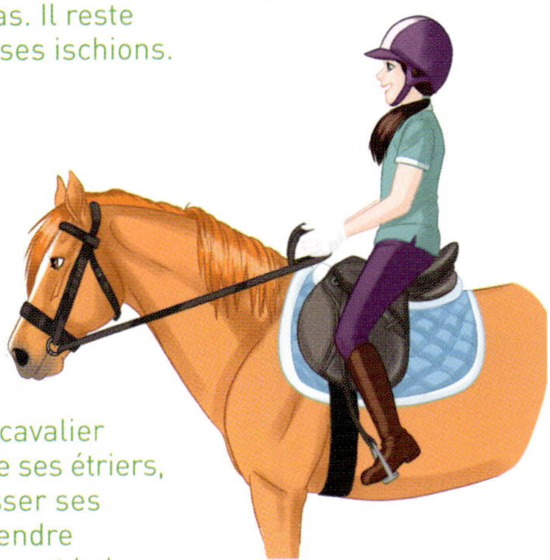

Quand le cavalier déchausse ses étriers, il doit laisser ses jambes pendre naturellement le long des flancs du cheval.

LES INFOS DE SOPHIE

Assiette : ce mot te suivra toute ta vie de cavalière ! Et ce n'est qu'en pratiquant que tu pourras acquérir la bonne position. Certains moniteurs font travailler l'assiette au cours de reprises sans étriers, au trot assis ou enlevé. Moi, j'ai échappé à cela ! (même si ici, j'ai déchaussé les étriers). La danse m'a beaucoup aidée à trouver une bonne position à cheval et à mieux récupérer ensuite. Mais après les séances difficiles, je prenais toujours le temps de faire des étirements pour éviter les courbatures.

La réalisation des figures de manège demande une excellente maîtrise des aides : ici, le cavalier exécute un passage, c'est-à-dire un trot très relevé et cadencé qui donne au cheval l'air de danser.

DU BON USAGE DES AIDES

Un bon cavalier sait comment utiliser les aides naturelles : séparément, ou combinées par deux ou par trois. Pour que ta monture te comprenne, tes jambes et tes mains ne doivent pas faire de gestes inutiles, elles doivent être fixes.
De plus, fais attention aux « signaux » que te renvoie le cheval. S'il n'exécute pas comme tu le souhaites la figure que tu lui demandes, c'est sans doute parce que tu t'es mal exprimée. Un cavalier ne se contente pas de donner des ordres, il dialogue avec sa monture.
Les aides ne doivent jamais fournir d'indications contradictoires : freiner et avancer, tourner et aller tout droit... Ce que l'on appelle l'accord des aides est l'emploi simultané et correct des jambes, des mains et de l'assiette.

UTILISE TON ASSIETTE

Par l'intermédiaire de son assiette, le cavalier modifie la répartition de son poids sur la selle pour transmettre des informations au cheval. En disposant une partie de sa masse sur l'arrière, il actionne le frein. Au contraire, en allégeant l'arrière, il augmente l'allure. En pesant sur un seul des ischions, il amène le cheval à se déplacer latéralement.
L'assiette est l'aide la plus discrète et la plus efficace, c'est la reine des aides. Elle permet de réduire au minimum l'emploi des mains et des jambes.

SERS-TOI DES RÊNES

Les rênes, tendues et ajustées, doivent être en contact permanent avec la bouche du cheval. Par leur intermédiaire, les mains peuvent agir (augmenter la tension), résister (s'immobiliser), céder (accompagner le mouvement de l'encolure). Lorsque les rênes sont employées en même temps, elles le font ralentir, stopper ou reculer. Lorsqu'elles sont employées séparément, elles l'orientent dans la direction souhaitée.
Tes mains accompagnent les mouvements de ta monture, mais elles ne doivent pas bouger. Chaque geste brusque, chaque saccade se répercute de façon douloureuse dans la bouche de l'animal. De simples mouvements des doigts suffisent pour transmettre un ordre.

COMMUNIQUE AVEC LES JAMBES

Les deux jambes agissent en même temps pour faire avancer le cheval ou pour maintenir son allure, par des pressions ou des petits coups discrets : on dit qu'elles déterminent l'impulsion*. Pour donner une orientation au corps du cheval, on utilise une seule jambe et éventuellement un effet de rêne.

Chez un bon cavalier, les actions des jambes sont quasiment invisibles : elles servent juste à renforcer les indications données par l'assiette. Quand le cavalier n'utilise plus ses jambes pour déterminer l'impulsion et qu'elles demeurent au contact des flancs de l'animal, on dit qu'il fait une « descente de jambes ».

Dirige ton cheval

QU'EST-CE QU'UN EFFET DE RÊNE ?

On appelle effet de rêne (ou action de rêne) le geste qui consiste à orienter le cheval en se servant d'une rêne. Si le cheval tourne du côté de la main qui donne l'effet de rêne, on parle de rêne d'ouverture (ou rêne directe). Si le cheval tourne du côté opposé à la main indiquant la direction, on parle de rêne d'appui (ou rêne contraire).

LA RÊNE D'OUVERTURE

C'est celle que tu vas apprendre en premier.

* Fais pivoter légèrement ton poignet, comme lorsque tu agis sur la poignée d'une porte pour l'ouvrir, et écarte la rêne de l'encolure.
* Utilise la rêne droite pour aller vers la droite et la rêne gauche pour aller vers la gauche. En procédant ainsi, tu fais tourner la tête, l'encolure et les épaules de ta monture d'un côté dont elle prend naturellement la direction.
* Ton coude doit rester le long de ton buste.
* N'oublie pas d'entretenir sa vitesse avec les jambes.

La rêne d'ouverture effectuée par cette cavalière est destinée aux débutants. Tu vas rapidement apprendre à diriger ton cheval d'une manière plus subtile.

LA RÊNE D'APPUI

Comme son nom l'indique, elle prend appui sur l'encolure du cheval. Elle s'effectue du côté opposé à celui où tu veux tourner.

* Utilise la rêne droite pour aller à gauche et la rêne gauche pour aller à droite.
* Le nez de ton cheval regarde vers la droite si tu tournes à gauche et vers la gauche si tu tournes à droite.
* Tu fais ainsi porter le poids du corps de ton cheval dans la direction que tu veux prendre, et il est obligé de tourner.

Il va falloir plusieurs reprises pour que tu comprennes avec ton corps comment fonctionnent ces différents effets de rênes. Veille à ne pas donner un ordre avec ta rêne gauche, un autre avec ta rêne droite et un troisième avec ton assiette. Et n'oublie pas d'entretenir l'impulsion*.

Il faut apprendre à doser ses gestes car, lorsqu'une rêne d'appui est mal faite, le cheval se retrouve tordu.

Au pas !

TRANQUILLEMENT

Te voilà aux commandes d'un drôle de véhicule. Pas de panique ! Tes mains sont une sorte de guidon et tes jambes une sorte de moteur. Pour avancer, tu dois ajuster tes rênes (et non tirer dessus !), être en contact avec la bouche du cheval et préparer tes jambes à déterminer l'impulsion. Regarde au loin, devant toi.

« Préparez-vous à partir au pas. Partez au pas », dit le moniteur. À l'arrêt, quand tu tiens tes rênes, tes doigts les enserrent fermement. Pour avancer, desserre-les un peu tout en maintenant le contact avec la bouche. En général, il suffit de redresser les pouces pour qu'un cheval se porte en avant. Presse simultanément tes jambes contre ses flancs. Surprise ! Il avance. Accompagne ses mouvements avec tes reins et ton bassin. Laisse tes bras suivre le balancement de l'encolure en gardant les coudes le long du buste. Avec tes jambes, entretiens le rythme de sa marche. Tu ne dois pas laisser le cheval s'endormir. C'est parti pour quelques tours de piste. Profites-en pour sentir les mouvements du cheval avec ton corps.

Quelle que soit l'allure de ton cheval, tu dois toujours regarder au loin devant toi et savoir dans quelle direction tu avances.

Pour t'arrêter, bascule légèrement le poids de ton corps vers l'arrière. Garde tes jambes au contact de ton cheval pour qu'il s'immobilise tout droit. Si la reprise est terminée, donne les rênes à ton cheval.

S'ARRÊTER

Pour maîtriser un véhicule, il faut pouvoir l'arrêter quand on le désire. Un cheval mis au bouton, c'est-à-dire impeccablement dressé, répond à la plus légère des aides. Il suffit que le cavalier modifie sensiblement son assiette pour qu'il s'arrête.
Ce n'est pas le cas des chevaux de club. Il est toutefois inutile de s'accrocher de toutes ses forces aux rênes. Serre les doigts en repliant les pouces vers l'avant, redresse-toi et bascule doucement le poids de ton corps vers l'arrière. Garde bien les jambes au contact des flancs de ta monture pour l'obliger à rester droite.

RECULER

Pour faire reculer un cheval, il faut maîtriser l'accord des aides. Ce mouvement s'obtient avec l'assiette et les mains, les jambes maintenant la position de la monture. Normalement, il s'effectue en ligne droite, mais les chevaux de dressage peuvent exécuter des cercles ou des huit en reculant.

LES INFOS DE SOPHIE

Dans mon centre équestre, il y avait un grand miroir dans le manège : cela nous permettait de corriger notre tenue et nos mouvements à cheval. Surtout pour le faire reculer, exercice complexe que l'on ne réussit pas du premier coup. Il faut trouver le bon geste sans tirer sur la bouche du cheval.

Au trot !

L'IMPULSION DE DÉPART

Pour partir au trot, agis comme pour le pas.
- Ouvre les doigts.
- Sollicite les flancs du cheval avec les jambes.
- Une fois au trot, entretiens sa vitesse avec les jambes.
- Tes mains doivent rester fixes pour ne pas donner de coups à la bouche du cheval.
- Attention : tes rênes doivent être tendues et non flottantes.

Pour prendre le trot à partir du pas, exerce des pressions progressives des deux jambes, ce qui incite le cheval à accélérer.

LE TROT ASSIS

Au trot, le corps du cheval se projette d'un diagonal sur l'autre. Quand le cavalier reste assis dans sa selle, cette suite de mouvements vers le haut et vers le bas provoque des chocs à répétition qu'il peut amortir facilement en restant souple. Le haut de son corps s'étire, ses jambes s'allongent sous l'effet de leur propre poids, et il rejette légèrement les épaules en arrière afin que le dos puisse assurer son rôle de ressort.

LE TROT ENLEVÉ

Pour ne pas souffrir des à-coups qu'implique le trot assis, adopte le trot enlevé, aussi appelé trot à l'anglaise. On devrait plutôt dire trot à l'indienne, car c'est en Inde que les Anglais l'ont découvert. Au trot enlevé, le cavalier décolle de sa selle lorsque l'antérieur du cheval se lève et se rassoit lorsque l'antérieur se pose.
- Garde le dos bien droit.
- Soulève-toi et rassieds-toi en douceur.

Quand on n'a pas une bonne assiette, le trot enlevé est plus confortable que le trot assis.

LES INFOS DE SOPHIE

Pour faire avancer ton cheval, commence par des pressions légères des jambes afin d'apprécier sa réaction. Lorsque tu seras une cavalière confirmée, tu pourras renforcer ces aides avec une cravache ou des éperons, mais toujours avec douceur.

Au galop !

À DROITE OU À GAUCHE, À JUSTE OU À FAUX !

Lorsque le cheval galope à main droite, l'antérieur droit est plus longtemps en avant que l'antérieur gauche (voir pp. 50-51). C'est l'inverse lorqu'il galope à main gauche. Dans le manège, le cheval doit galoper à droite quand il tourne à main droite et à gauche quand il tourne à main gauche : il galope alors « juste ». S'il galope à droite lorsqu'il tourne à main gauche ou à gauche lorsqu'il tourne à main droite, il galope « à faux ».

PARTIR AU GALOP PAR PERTE D'ÉQUILIBRE OU…

Il existe deux manières de partir au galop. La première méthode – celle qu'adoptent le plus souvent les débutants – se fait par perte d'équilibre.

* Allonge le trot dans la longueur.
* Ralentis l'épaule externe du cheval (du côté du mur du manège) avec une rêne d'appui qui oriente son nez vers l'extérieur.

Lorsqu'il arrive dans un coin du manège, le cheval, emporté par la vitesse et déséquilibré, se trouvera dans l'obligation de partir au galop. Attention : ne tire pas exagérément la tête de ta monture vers l'extérieur, sinon elle galopera tordu ; et surtout entretiens sa vitesse avec les jambes, sinon elle repassera au trot et tu devras recommencer l'opération au coin suivant.

Galop en suspension, mais ici les jambes sont trop tendues et les étrivières trop courtes.

Dans la neige, les chevaux adaptent leur galop. Le premier galope à droite, comme l'indique la position de son antérieur droit, plus en avant que le gauche. Le second galope à gauche.

... PAR PRISE D'ÉQUILIBRE

Le galop par prise d'équilibre permet les départs de pied ferme (c'est-à-dire à l'arrêt) sur la bonne main.

- Pour un galop à droite, la jambe droite du cavalier est à la sangle et la jambe gauche un peu en arrière de la sangle.
- L'assiette doit basculer légèrement du côté externe.
- Un effet d'appui de la rêne droite charge l'épaule gauche et libère l'épaule droite.
- Pour un galop à gauche, c'est l'inverse.

ASSIS OU EN SUSPENSION

- Au galop assis, le cavalier, fesses posées dans la selle, utilise son assiette pour accompagner les mouvements de l'animal.
- Au galop enlevé ou galop en suspension, il prend appui sur les étriers et se penche légèrement en avant pour garder l'équilibre.

Quel bonheur de galoper en forêt !

Le saut

LE MÉCANISME DU SAUT

C'est au milieu d'une foulée de galop que le cheval franchit un obstacle. Cette foulée est appelée « foulée saut ». Elle comprend trois phases : la montée, le planer, la descente.
La foulée saut est précédée d'une série de battues (contact des pieds avec le sol). La dernière d'entre elles, la battue des antérieurs (voir ci-dessous, illustration 1), est le point de départ de la montée. Lorsque le cheval est au-dessus de l'obstacle, c'est le planer. La descente est suivie de la réception, puis les foulées de galop reprennent.

LES CAVALETTI

Il faut une bonne assiette pour aborder le saut. Au début, le moniteur te fera sauter des petits obstacles appelés cavaletti afin de renforcer ta tenue en selle et de développer ton sens du rythme. Ces premiers sauts s'effectuent souvent avec les étriers croisés sur l'encolure.
Les cavaletti sont des barres d'une longueur d'environ 3 mètres, qui sont posées soit sur la piste, soit sur des croisillons. Elles sont en général espacées de 1,30 m et, dans leur position la plus élevée, elles se trouvent à 50 centimètres du sol.
Les cavaletti ne sont pas utilisés uniquement pour former le cavalier. Ils apprennent aussi au cheval à apprécier les distances et à garder son équilibre lorsqu'il est monté.

Décomposition du saut

1. La battue des antérieurs juste avant la détente.
2. Le planer.
3. La réception.

Comme Sophie, prends bien appui sur tes étriers quand tu sautes et regarde loin devant toi.

FRANCHIR SON PREMIER OBSTACLE

Quand les cavaletti n'auront plus de secrets pour toi, tu franchiras quelques barres isolées dans la carrière. Tous les cavaliers de concours te le diront : les chevaux adorent sauter. Lorsque tu aborderas ton premier obstacle, ne t'inquiète pas. Contente-toi de suivre le mouvement sans le gêner. Très vite, ton corps va enregistrer le mécanisme du saut et tu ne feras plus qu'un avec ta monture. Il suffit de respecter quelques règles simples :

* Toujours regarder au loin.
* Aborder l'obstacle franchement, au galop en suspension.
* Garder les jambes fixes, avec les talons bas.
* Accompagner le mouvement de l'encolure et maintenir le contact avec la bouche.

2

3

Les premiers sauts se font sur des cavaletti, des obstacles de petite taille qui n'excèdent pas 50 centimètres. Ici, une jeune cavalière franchit un croisillon.

LE PREMIER PARCOURS

Pour ton premier parcours, tu enchaîneras sans doute cinq ou six obstacles de formes différentes séparés par une succession de lignes droites et de courbes.
Entre deux obstacles, dirige ton cheval en conservant une vitesse régulière et change de pied si nécessaire. Rappelle-toi que les obstacles s'abordent perpendiculairement et par le milieu. Au moment du planer, pense déjà à l'obstacle suivant.

Lorsque tu enchaînes plusieurs obstacles, dirige ton cheval de façon à aborder le suivant perpendiculairement.

LES OBSTACLES DE SAUT

Ils sont composés de barres en bois posées sur des supports appelés cuillères. Ces supports sont maintenus par des pieds nommés ailes, oreilles, chandeliers ou piliers selon leur forme.
Il y a trois familles d'obstacles.

- Les droits (stationata), verticaux.
- Les larges (oxers), une double rangée de droits.
- Les obstacles de volée (spas), obliques.

Les obstacles sont placés dans des carrières et souvent organisés en parcours de huit à dix.
Ils peuvent être simples ou combinés (doubles ou triples).

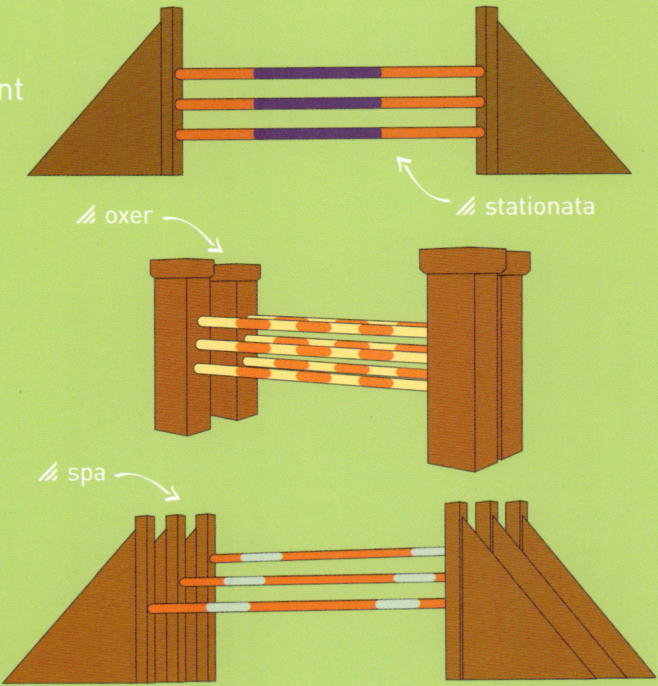

Le concours hippique

LES ÉPREUVES

Le concours hippique, aussi appelé jumping, est constitué d'un parcours d'obstacles plus ou moins hauts. Le gagnant est le concurrent qui a commis le moins d'erreurs en les franchissant. Les cavaliers sont classés selon deux sortes de barèmes.

* Le barème A sanctionne l'aptitude du cheval et du cavalier. Le temps n'est pas pris en compte, à moins qu'il n'en soit fait mention sur le programme. Il sert alors à départager des candidats ex aequo.
* Le barème C évalue la vitesse et l'obéissance d'une monture. Le cavalier peut définir lui-même le chemin qu'il va suivre pour aller d'un obstacle à l'autre. Chaque erreur est sanctionnée par des secondes de pénalité.

PÉNALITÉS ET SANCTIONS

En concours, il y a trois sortes de pénalités : la faute, la désobéissance et la chute.

* Fautes : un obstacle renversé, entièrement ou non, un pied du cheval posé dans la rivière sont considérés comme des fautes. Pour les obstacles droits, seule compte la chute de l'élément supérieur. Elles coûtent 4 points de pénalité au cavalier.
* Désobéissances : le «refus» du cheval qui s'arrête devant l'obstacle, la «défense» du cheval qui refuse le mouvement vers l'avant, le « dérobé » (ou la « dérobade») du cheval qui évite l'obstacle sont considérés comme des désobéissances. Elles coûtent 3 points, et la troisième est éliminatoire.
* Chutes : il y a chute du cheval lorsque ses épaules et ses hanches portent sur l'obstacle ou au sol. Il y a chute du cavalier quand il est obligé de remonter pour se remettre en selle. Elles coûtent 8 points.

Cheval et cavalier sont au sol : il y a eu chute. Même les grands cavaliers tombent. Si cela t'arrive un jour, ne te décourage pas, essaie de comprendre ce qui s'est passé pour ne pas recommencer !

Épreuve de concours de saut d'obstacles international : le cavalier franchit un oxer.

Épreuve de saut en concours complet. Le cavalier descend un contrebas, obstacle comportant une butte suivie d'une pente abrupte.

Le complet

LES ÉPREUVES

Le concours complet comprend trois épreuves qui ont lieu en équipe ou en individuel : dressage, cross-country et saut d'obstacles. En fonction de leur niveau (catégories poney, jeunes chevaux, cavalier amateur ou pro...), elles se déroulent sur une ou plusieurs journées.

LE DRESSAGE

L'épreuve de dressage est une reprise qui a lieu sur une carrière de dimensions olympiques (60 mètres sur 20). Le cavalier doit montrer le développement harmonieux du corps de sa monture, l'entente parfaite qui les unit et le calme dont ils savent faire preuve ensemble en exécutant les figures.

LE CROSS-COUNTRY

Le cross-country, aussi appelé parcours de fond, démontre la facilité avec laquelle un cheval se laisse diriger, mais aussi son équilibre et sa générosité. Sont évalués le travail du cavalier, son esprit d'initiative et son jugement. Le parcours est différent selon les niveaux.

* Pour les cinq premières catégories, il s'agit de participer à un cross établi sur un terrain accidenté et comportant 12 à 16 obstacles.
* Pour les deux dernières catégories, il faut effectuer un trajet sur route de 10 à 15 kilomètres, coupé en deux par un steeple (6 à 10 obstacles sur 2000 mètres) s'effectuant sur un hippodrome. Ce trajet est suivi d'un cross comportant 20 à 35 obstacles dispersés sur un terrain très difficile. Les chutes sont nombreuses !

Épreuve de dressage au cours de laquelle on juge la légèreté, la souplesse des allures et la grâce des mouvements.

LE SAUT D'OBSTACLES

Pour les cavaliers les moins confirmés, le concours d'obstacle a lieu après l'épreuve de dressage, et pour les plus confirmés, après l'épreuve de fond. Dans ce dernier cas, une heure de repos au minimum sépare les deux parcours. Les obstacles dépassent rarement 1,15 m et le cavalier doit les franchir en un temps limité. Tout dépassement ajoute des points de pénalité. Le règlement est le même que celui du CSO*.

Le pony games

UN PEU D'HISTOIRE

Le Pony Games est né en Angleterre au milieu du XXe siècle à l'initiative du prince Philippe d'Édimbourg, qui souhaitait proposer un sport équestre amusant aux jeunes garçons des milieux défavorisés.

QUE D'ÉPREUVES !

On compte environ une trentaine d'épreuves. Certaines, comme l'épée et la joute, rappellent les tournois des chevaliers.

* Les épreuves « à terre, à cheval » sont inspirées de la voltige en ligne *(djighitovka)* pratiquée par les peuples slaves, les Tatars, les Mongols et les Indiens.
* Dans les épreuves de « course à trois jambes », des « marches », « à pied, à cheval », les cavaliers sont à terre et tiennent le poney par les rênes.

Rattraper un objet au galop sans vider ses étriers est plus difficile qu'on ne le croit !

Parfois, c'est le poney qui joue...

UN POUR TOUS, TOUS POUR UNE !

Au cours des épreuves, les cavaliers s'opposent individuellement, par paires ou par équipes de cinq. L'exploit sportif n'est pas important. Ces jeux ont pour but d'apprendre à travailler en équipe, à respecter l'adversaire et à développer une bonne assiette.

Les juges notent les pénalités et les passages de relais. Les poneys font preuve de beaucoup de patience. Il arrive souvent qu'ils comprennent les désirs de leurs jeunes cavaliers et agissent avant même d'en recevoir l'ordre.

Pour réussir une épreuve en équipe, il faut avoir le sens de l'amitié et du partage.

ET LE PONEY, ALORS ?

Toutes les races de poneys peuvent participer aux épreuves. Les animaux doivent être en bonne santé, sociables, bien dressés, équilibrés et souples pour répondre aux demandes des cavaliers. Il est préférable de les habituer au matériel avant de se lancer dans l'aventure.

Parfois, c'est le cavalier qui joue...
Il suffit de bien s'entendre pour gagner.

IL N'Y A PAS D'ÂGE POUR S'ÉCLATER

On peut pratiquer le Pony Games jusqu'à l'âge de 26 ans grâce aux Mounted Games puis aux Seniors Games, sur de grands poneys ou de petits chevaux. Les épreuves sont les mêmes que pour les enfants. On y travaille l'assiette, la confiance en soi, et surtout, on s'amuse en équipe.

Passe ton galop d'abord

Les Galops sont des examens que les cavaliers passent pour valider leurs acquisitions en hippologie et en équitation. Ces examens leur permettent de participer aux compétitions officielles. Il y en a huit en tout. Chacun d'eux évalue des connaissances précises.

GALOP 1

- Panser et emmener sa monture en main sur le terrain.
- La faire avancer, s'arrêter et tourner dans toutes les directions.

GALOP 2

- Effectuer un pansage complet.
- Brider et seller sa monture.
- Se déplacer aux trois allures.

GALOP 3

- Vérifier le bon état de sa monture.
- Ajuster son harnachement.
- La diriger aux trois allures, sur des sauts isolés ou en terrains variés.

GALOP 4

- Posséder des connaissances solides en hippologie.
- Maîtriser les mécanismes des déplacements et le comportement de sa monture.
- Être autonome aux trois allures en terrains variés.
- Pouvoir enchaîner des sauts.

GALOP 5

- Avoir des connaissances plus importantes en hippologie.
- Maîtriser les allures et l'équilibre de sa monture.

GALOP 6

- Maîtriser les allures.
- Posséder des notions de dressage élémentaires.

GALOP 7

- Réaliser parfaitement une reprise de dressage.
- Faire un parcours de saut d'obstacles sans commettre aucune faute.

GALOP 8

- Prendre part à un concours complet et démontrer une maîtrise parfaite de sa monture dans toutes les épreuves (cross, dressage, concours hippique).

Jeune cavalière d'un niveau Galop 5 : elle a une très bonne assiette et s'applique à incurver son cheval à droite pour tourner.

LES MOTS DU CHEVAL

Antérieur : jambe avant d'un cheval.

Arçon : armature interne d'une selle.

Bât : dispositif de bois que l'on place sur le dos d'un animal pour y accrocher un fardeau.

Battue : bruit produit par le sabot quand il entre en contact avec le sol. Si deux sabots se posent en même temps, ils ne font qu'une battue. Une série de battues crée le rythme d'une allure.

Bipède : le bipède désigne deux jambes du cheval. On distingue le bipède antérieur, le bipède postérieur, les bipèdes latéraux (jambe avant et jambe arrière gauches ou droites) et les bipèdes diagonaux (jambes avant gauche et arrière droite ou jambes avant droite et arrière gauche).

Cabrer : action du cheval qui se dresse plus ou moins verticalement sur ses postérieurs et bat l'air de ses antérieurs.

Carrousel : exercice équestre militaire créé en 1559. Aujourd'hui, c'est soit un spectacle montrant des figures de manège, soit une épreuve de dressage disputée en équipe.

CCE : concours complet d'équitation.

Chef de piste : en concours hippique, responsable du tracé du parcours.

Cousu à la selle : expression utilisée pour désigner le cavalier qui tient solidement en selle.

Croupière : courroie de cuir, accrochée au troussequin de la selle, qui entoure la queue du cheval. Elle empêche le pommeau de remonter sur le garrot.

CSO : concours de saut d'obstacles.

Décousu : se dit d'un cheval dont les allures sont irrégulières.

Diagonal (le) ou bipède diagonal : combinaison de la jambe avant d'une main et de la jambe arrière de la main opposée : antérieur droit-postérieur gauche ou antérieur gauche-postérieur droit.

Diagonale (la) : piste qui traverse en biais le manège.

Dieu : nom donné à l'écuyer en chef de l'école de Saumur.

Double : combinaison de deux obstacles à franchir. Le premier est généralement un vertical et le second un oxer.

Écart : action du cheval qui, apeuré, s'écarte sur la gauche ou sur la droite de la trajectoire qu'il suivait.

Embarquer : action du cheval qui part au galop sans que le cavalier puisse l'arrêter.

Étrivière : courroie accrochée à la selle d'où pendent les étriers.

Faire panache, faire ou piquer un soleil, panacher : désigne une chute grave qui se produit après l'obstacle. Le cheval se retourne, tombe sur la tête et le dos.

Fanon : touffe de poils recouvrant la partie postérieure du boulet.

Franc : se dit d'un cheval qui accorde une confiance totale à son cavalier.

Impulsion : quelle que soit l'allure (pas, trot, galop), désir du cheval de se porter en avant en utilisant toute son énergie et sa force musculaire. Les jambes du cavalier produisent l'impulsion et les mains la contrôlent. Quand l'impulsion est correctement réglée, le cavalier a le sentiment que toutes les forces du cheval se trouvent en avant de son assiette.

Main : désigne le côté du cheval (main gauche et main droite).

Maître à danser : désigne un cavalier dont la pointe des pieds est tournée vers l'extérieur. Cette mauvaise position rend ses jambes inefficaces.

Marron : se dit d'un cheval domestique retourné à l'état sauvage.

Montoir : côté du cheval par où l'on monte, c'est-à-dire le côté gauche. Le côté droit est appelé hors montoir.

Palefrenier : dans une écurie, personne chargée de nettoyer les box, de panser et de nourrir les chevaux.

Parer : action du maréchal-ferrant qui enlève l'excès de corne du sabot.

Piler du poivre : se dit du cavalier sans assiette qui, au trot assis ou au galop, retombe lourdement sur sa selle.

Pommeau : partie surélevée à l'avant de la selle. Elle se trouve au-dessus du garrot.

Postérieur : jambe arrière d'un cheval.

Prendre un tax : se dit d'un cavalier qui est projeté entre les oreilles de son cheval lorsque ceui-ci s'arrête net devant un obstacle et refuse de le sauter.

Raie de mulet : bande de poils qui part du garrot et va jusqu'à la queue.

Reculer : marche en arrière du cheval.

Saint Georges : patron de la chevalerie, des armes et aujourd'hui des cavaliers.

Salègre : pierre de sel suspendue dans les box que le cheval lèche. Le sel est un élément nutritif indispensable aux chevaux.

Saut de mouton : défense du cheval qui baisse la tête, fait le dos rond et saute sur place.

Stud-book : livre généalogique des chevaux de race. Les pur-sang sont classés dans le *General Stud Book*.

Tiquer à l'ours : action du cheval qui propulse le poids de son corps de son antérieur droit à son antérieur gauche, puis de son antérieur gauche à son antérieur droit.

Trait : cheval qui tracte un véhicule.

Troussequin : partie large et relevée à l'arrière de la selle.

Tutoyer : action du cheval qui touche la barre supérieure d'un obstacle de ses antérieurs sans la faire tomber.

Zain : cheval dont la robe, quelle que soit sa couleur, ne présente aucun poil blanc.

Zorse : animal né du croisement d'un zèbre et d'une jument.

INDEX

Les chiffres suivis d'un astérisque renvoient aux légendes des illustrations.

ADRESSES UTILES

Fédération française d'équitation (FFE)
81, avenue Édouard-Vaillant
92517 Boulogne-Billancourt Cedex
Tél. : 01 58 17 58 17
www.ffe.com

École nationale d'équitation et du Cadre noir de Saumur
BP 207 - TerreFort
49411 Saumur Cedex
Tél. : 02 41 53 50 50
http://www.cadrenoir.fr

Délégation nationale au tourisme équestre (DNTE)
9, bd Macdonald – 75019 Paris
Tél. : 01 53 26 15 50

FFE, service Haut Niveau
81, avenue Édouard-Vaillant
92517 Boulogne-Billancourt CEDEX
Tél. : 01 58 17 58 17

Haras nationaux
Route de Troche
BP 6 – 19231 Arnac-Pompadour
Tél. : 05 55 97 11 11
www.haras-nationaux.fr

Ligue française pour la protection du cheval
Maison des Vérérinaires
10, place Léon Blum
75011 Paris
Tél. : 01 43 79 03 03
lfpcheval.fr

Musée du Cheval
Château de Saumur
49400 Saumur
Tél. : 02 41 40 24 40

Musée du Cheval de course
Château de Maisons
78600 Maisons-Laffitte
Tél. : 01 39 62 01 49

Musée vivant du cheval
7, rue Connétable – Grandes Écuries
BP 242 – 60631 Chantilly Cedex
Tél. : 03 44 27 31 80

Théâtre équestre Zingaro
176, avenue Jean-Jaurès
93300 Aubervilliers
Tél. : 01 48 39 18 03

Crédits photographiques

Photos de couverture
© zuzule / fotolia.com
Photo de Sophie Thalmann : J. Rodrigues pour Equestrio

Photos des pages intérieures
18b, 64b : © AFP
13h, 16h, 17 : © AKG
19 : © Vanderstadt
21 : © Lucky Productions S.A. Morris
34 : © Kseniya Abramova / fotolia.com
37h : © Jupiter Images
11h, 14, 30, 59h, 64h, 65b, 68, 69h, 69b, 84, 85, 88, 102, 157, 162, 169 : © Christiane Slawik / Archiv Boiselle
53b, 56, 74, 76, 77, 119b, 148, 163, 164 : © Jaques Toffi / Archiv Boiselle
37b, 48, 54h, 104 : © Marielle Anderson / Archiv Boiselle
23h, 42b, 118h, 118b, 138 : © Marielle Andersson-Gueye / Archiv Boiselle
60h : © Rebeca Burnitz / Archiv Boiselle
56h, 108b,114, 122b, 166b, 167b : © Ulla Rafail /Archiv Boiselle
27, 28h, 166h : © Ulrich Neddens / Archiv Boiselle
53h : © Pixinoo / fotolia.com
106 : © Muro / fotolia.com
83 : © zuzule / fotolia.com
Toutes les photos de Sophie Thalmann : © Joël Saget/Anim'15 Productions
Photo des encadrés "Les infos de Sophie" : J. Rodrigues pour Equestrio
Toutes les autres photos : © Gabrielle Boiselle / Archiv Boiselle

Illustrations des pages intérieures
26, 40, 41, 42, 43, 44, 46, 47, 48, 49, 50, 51, 52, 127, 133, 135, 150, 151h, 158, 159 : Emmanuelle Etienne
38, 120, 124, 125, 128, 141, 142, 143, 145, 146, 151b, 152, 153, 154 : Isabelle Mandrou